A EDUCAÇÃO FÍSICA CUIDA DO CORPO... E "MENTE"

NOVAS CONTRADIÇÕES E DESAFIOS DO SÉCULO XXI

JOÃO PAULO S. MEDINA

EDSON MARCELO HUNGARO
ROGÉRIO DOS ANJOS
VALTER BRACHT
(colabs.)

A EDUCAÇÃO FÍSICA CUIDA
DO CORPO... E "MENTE"

NOVAS CONTRADIÇÕES E DESAFIOS DO SÉCULO XXI

PAPIRUS EDITORA

Capa	Fernando Cornacchia, baseado em Francis Rodrigues
Foto de capa	Ateliê Cromo
Coordenação	Ana Carolina Freitas
Copidesque	Lúcia Helena Lahoz Morelli
Diagramação	DPG Editora
Revisão	Elisângela de Freitas Montemor, Isabel Petronilha Costa e Paola Maria Felipe dos Anjos

Dados Internacionais de Catalogação na Publicação (CIP)
(Câmara Brasileira do Livro, SP, Brasil)

Medina, João Paulo S.
 A educação física cuida do corpo... e "mente": Novas contradições e desafios do século XXI/João Paulo S. Medina; Edson Marcelo Hungaro, Rogério dos Anjos, Valter Bracht, colaboradores. – 26ª ed. – Campinas, SP: Papirus, 2013.

Bibliografia.
ISBN 978-85-308-0914-0

1. Educação -- Filosofia 2. Educação física 3. Educação física – Brasil 4. Educação física – Estudo e ensino 5. Política e educação I. Hungaro, Edson Marcelo. II. Anjos, Rogério dos. III. Bracht, Valter. IV. Título.

13-04606   CDD-613.1

Índice para catálogo sistemático:

1. Educação física: Filosofia   613.1

26ª Edição – 2013
8ª Reimpressão – 2024
Tiragem: 80 exs.

Exceto no caso de citações, a grafia deste livro está atualizada segundo o Acordo Ortográfico da Língua Portuguesa adotado no Brasil a partir de 2009.	Proibida a reprodução total ou parcial da obra de acordo com a lei 9.610/98. Editora afiliada à Associação Brasileira dos Direitos Reprográficos (ABDR). DIREITOS RESERVADOS PARA A LÍNGUA PORTUGUESA: © M.R. Cornacchia Editora Ltda. – Papirus Editora R. Barata Ribeiro, 79, sala 316 – CEP 13023-030 – Vila Itapura Fone: (19) 3790-1300 – Campinas – São Paulo – Brasil E-mail: editora@papirus.com.br – www.papirus.com.br

Sou grato aos professores e amigos Regis de Morais,
*Nelson Marcellino, Milton Cornacchia (*in memoriam*),*
Lauret Godoy, Edson Claro, José Elias de Proença,
Wagner Wey Moreira, Antonio Carlos Martinazzo,
Agostinho Guimarães, Reinaldo Alves da Silva e
Moacir Gadotti, pelas críticas e sugestões, pelo apoio
e, sobretudo, pela confiança.

Para Rosane e Patrícia, que sentiram a ausência do
marido e do pai durante o tempo dedicado à
elaboração deste ensaio.

SUMÁRIO

APRESENTAÇÃO – A EDUCAÇÃO FÍSICA NO
SÉCULO XXI: AINDA EM BUSCA DE SUA(S) IDENTIDADE(S) 9

INTRODUÇÃO – POR UMA REVOLUÇÃO CULTURAL DO CORPO 15

1. A EDUCAÇÃO FÍSICA PRECISA ENTRAR EM CRISE 23

2. A EDUCAÇÃO FÍSICA CUIDA DO CORPO... E "MENTE" 43

3. UMA NOVA PERSPECTIVA PARA A EDUCAÇÃO FÍSICA 69

BIBLIOGRAFIA BÁSICA 93

ANEXOS

ENSAIO 1 – A EDUCAÇÃO FÍSICA BRASILEIRA E A CRISE
DA DÉCADA DE 1980: ENTRE A SOLIDEZ E A LIQUIDEZ 99
Valter Bracht

ENSAIO 2 – INTRODUÇÃO À CIÊNCIA DA MOTRICIDADE
HUMANA 117
Rogério dos Anjos

ENSAIO 3 – A EDUCAÇÃO FÍSICA E A TENTATIVA DE "DEIXAR
DE MENTIR": O PROJETO DE "INTENÇÃO DE RUPTURA" 135
Edson Marcelo Hungaro

APRESENTAÇÃO

A EDUCAÇÃO FÍSICA NO SÉCULO XXI: AINDA EM BUSCA DE SUA(S) IDENTIDADE(S)

(...) velho é tudo aquilo que já não contribui para tornar a felicidade um direito de todos. À luz de um novo marco civilizatório, há que se superar o modelo produtivista-consumista e introduzir, no lugar do PIB (Produto Interno Bruto), a FIB (Felicidade Interna Bruta), fundada numa economia solidária.

Frei Betto

O livro *A educação física cuida do corpo... e "mente"* foi concebido e escrito entre 1981 e 1982 e sua primeira edição publicada no início de 1983. Ele fazia parte da Coleção Krisis – O pensamento social em uma época de crise, dirigida e coordenada pelos ilustres professores João Francisco Regis de Morais e Carlos Rodrigues Brandão. Naquela época, lembro-me de que muito me honrou, ainda bastante jovem, ver este singelo ensaio no meio de obras de diferentes áreas do conhecimento que tratavam de "questões sociais em uma época de crise" e de autoria de verdadeiros "craques da escrita". Além do orgulho de estar com esse time, confesso que fiquei também surpreso, alguns meses depois do lançamento do livro, quando informado pela Papirus Editora, por meio do seu saudoso e brilhante editor Milton Cornacchia, de que a primeira edição se havia esgotado. A surpresa continuou nos anos seguintes, em face de seguidas reedições e reimpressões.

Hoje, passadas quase três décadas, ao redigir este prefácio para esta edição, revista e ampliada, sinto um misto de orgulho e de decepção. O orgulho, evidentemente, por causa de este trabalho continuar, ao longo de tantos anos, sendo lido e recomendado (por diferentes razões) não só por professores de educação física, como também por alunos que procuram embasar sua formação profissional por meio de uma visão crítica, humana e social de sua prática. Já a decepção se deve à constatação de que muitas das observações, críticas e denúncias feitas naquela época ainda se mostram bastante (eu diria demasiadamente) pertinentes. Questões suscitadas pela falta de qualidade do ensino (da educação de forma geral), pelo reducionismo biológico de influência cartesiana e positivista, pela despolitização das práticas físicas e esportivas, entre outras levantadas na época, continuam vivas.

A educação física cuida do corpo... e "mente" teve (e penso que ainda tem) o mérito de propiciar ao leitor interessado na área, uma reflexão crítica sobre a sua prática. É bem verdade que hoje uma leitura criteriosa desta obra deve considerar o contexto histórico, sociocultural e político que o Brasil vivia no começo dos anos 1980, ainda sob influência do golpe militar instaurado em 1964, e as enormes limitações que se impunham a tudo que era dito e escrito publicamente à época em nosso país.[1]

De qualquer forma, quando publicado em 1983, o ensaio contribuiu, naquele momento, como ferramenta de luta principalmente contra o autoritarismo, o individualismo de natureza burguesa e a suposta neutralidade científica e política que envolviam a educação física no Brasil. Colaborou também para desencadear uma *crise*[2] em vários sentidos, no próprio seio

---

1. Aos interessados neste assunto (censura no período militar de 1964 a 1985) sugiro que leiam meu livro *O brasileiro e seu corpo: Educação e política do corpo*, publicado em 1987 pela Papirus, e compare com a linguagem usada nas edições anteriores deste ensaio, que teve sua primeira publicação em 1983 pela mesma editora.

2. O tema da *crise* ocupa um espaço central neste ensaio crítico.

da educação física brasileira. Questionamentos sociológicos, antropológicos e filosóficos não podem mais ficar fora do debate em torno da teoria e da prática (práxis) dessa área profissional e do conhecimento. Afinal, são elementos indispensáveis para que a educação física continue buscando a sua identidade (ou seriam identidades?).

Quando discuti com a editora da Papirus, Beatriz Marchesini, a proposta de uma reedição revista, atualizada e ampliada desta obra, vi-me diante de um dilema: valeria a pena mexer em ideias e conceitos que refletiam um momento (o meu, inclusive) histórico de uma época difícil de nossas instituições e de nossa sociedade? Reli atentamente o ensaio e, afora alguns ajustes e correções que permitem mais clareza ao texto, resolvi mantê-lo intacto. Mudá-lo ou alterar qualquer ideia ou conceito significaria mutilá-lo, ou, na melhor das hipóteses, escrever um novo livro.

A novidade ficou por conta do acréscimo, em forma de anexos, de três pequenos, porém consistentes e instigantes, ensaios que servem para atualizar o debate em torno das questões que afetam a educação física nos tempos atuais. São três abordagens distintas que, como diria o meu amigo Vitor Marinho de Oliveira, trazem no seu bojo concepções de consenso e concepções de conflito.

Valter Bracht é um reconhecido pesquisador e pensador da educação física que generosamente concordou em publicar o ensaio ao qual chamou de *A educação física brasileira e a crise da década de 1980: Entre a solidez e a liquidez*, que contém questões estimulantes e controversas de nosso tempo. Edson Marcelo Hungaro e Rogério dos Anjos são dois promissores profissionais que também prontamente aceitaram o convite para escrever. Marcelo faz uma análise da educação física de uma perspectiva marxista e Rogério introduz as ideias, no meu modo de ver ainda pouco discutidas criticamente entre nós, do brilhante professor doutor Manuel Sérgio, em torno da chamada ciência da motricidade humana.

Enfim, esta obra traz muito mais munição para o debate, para reflexões radicais, rigorosas e de conjunto;[3] reflexões que, inspiradas na

---

3. Conceito de filosofia, segundo Demerval Saviani em *Do censo comum à consciência filosófica*. São Paulo: Cortez, 1982.

experiência e na prática, podem (assim espero) retornar a si mesmas para se transformarem. E não é esse o verdadeiro papel de qualquer reflexão que se pretende radical, rigorosa e de conjunto?

Boa leitura!

João Paulo S. Medina
Jundiaí, agosto de 2010.

Não faz sentido viver assim,
Desta maneira não dá pra mim.
Abra seus olhos,
Você precisa entender;
(...).
Vou sair pelo mundo,
Há muita coisa a dizer.
Não posso e não quero parar;
Agora sinto o meu corpo
Muito mais solto e feliz.
"Não faz sentido", música de Marcelo Sussekind
e Sérgio Araújo, cantada por Ney Matogrosso

Não é a dúvida, mas a certeza que nos enlouquece.
Friedrich Nietzsche

INTRODUÇÃO:
POR UMA REVOLUÇÃO CULTURAL DO CORPO

Procurei, durante algum tempo, uma obra que desse fundamentação à chamada "cultura do corpo"[1] e, por consequência, à disciplina educação física, no contexto cultural amplo e dinâmico em que vive a sociedade brasileira. Por não encontrá-la, resolvi estudar o assunto por formas indiretas, desenvolvendo algumas ideias que apresento neste pequeno ensaio.

Por reiteradas vezes, colegas e amigos incentivaram-me a escrever um livro que tratasse dos problemas vividos em minhas atividades práticas, no esporte profissional e na carreira docente universitária. Embora decidido a fazê-lo, adiei o projeto por longo tempo, pois me intimidavam dois aspectos básicos. Primeiro, não me sentia em totais condições de realizar uma missão que sempre considerei da mais alta responsabilidade. Segundo, achava que a matéria necessariamente deveria superar a superficialidade e a pobreza que têm caracterizado a maioria dos escritos sobre "cultura física" em nosso país, ao longo de sua história.

---

1. Trato neste texto os termos cultura do corpo, cultura física, cultura corporal e cultura somática como sinônimos.

O expressivo crescimento do interesse de certas camadas da população pelas atividades do corpo, nos últimos anos, criou condições mais favoráveis para a reflexão nessa área e tornou urgente a necessidade de encontrar um sentido mais humano para a nossa "cultura física". O fato de que as pessoas estejam cada vez mais interessadas no assunto é sinal evidente de que, na trajetória histórica de nossa cultura – por mais inautêntica e condicionada que ela possa ser –, começa a surgir o momento de repensar com mais seriedade o problema do corpo. Mesmo porque as questões pertinentes à educação, ao comportamento geral do homem e à sua própria liberdade estão diretamente ligadas ao significado humano dado a ele. Afinal, é bom que se entenda desde já que nós *não temos* um corpo; antes, nós *somos* o nosso corpo, e é em todas as suas dimensões energéticas – portanto, de forma global – que devemos buscar razões para justificar uma expressão legítima do homem, por meio das demonstrações do seu *pensamento*, do seu *sentimento* e do seu *movimento*. Entre esses três aspectos, ainda tem prevalecido em nossa cultura a ênfase sobre o pensamento. Contudo, de uma maneira tão pobre e utilitarista, que não seria exagero comparar o sentido dessa trilogia com o original grego dessa palavra: "um poema dramático composto de três tragédias".[2] Na verdade, essa falsa supervalorização do pensamento, promovida por uma sociedade tecnológica, não passa de uma tragédia em três capítulos. No momento em que o pensamento, acanhadamente cristalizado e abstrato, amordaça as nossas concretas atitudes corpóreas, impede, ao mesmo tempo, as expressões mais livres e espontâneas do movimento, do sentimento e do próprio pensamento, como fenômenos tipicamente humanos e sociais.

É justamente essa hipertrofia das manifestações intelectuais uma das fortes razões pelas quais a cultura do corpo – e em especial a educação física –, desde o início de nossa história, vem sendo colocada em planos inferiores na escala de valores que se foi formando em nossa nação. Basta observarmos o que ocorre na maioria das escolas de segundo grau para constatarmos o desprezo e a discriminação que a educação física ainda

---

2. Aurélio Buarque de Holanda Ferreira, *Pequeno dicionário brasileiro da língua portuguesa*, p. 1.203.

sofre em relação a outras disciplinas. Entretanto, o que mais assusta não é o desprezo e a discriminação em si, mas, sim, a passividade com que ela aceita todos os seus condicionamentos. A questão do corpo em nossa sociedade tem de ser repensada e essa é uma tarefa urgente dos profissionais ligados à área da educação física.

Lamentavelmente, é comum entre nós encontrarmos indivíduos que pregam coisas que absolutamente não entendem e outros que, às vezes, chegam a compreendê-las, mas – o que é ainda pior – não acreditam naquilo que estão pregando. Tais fatos fazem com que nossas ações se transformem em mentiras que nada valerão para a promoção do homem a níveis superiores de vida.

É nesse aspecto que a nossa cultura está necessitando de uma *revolução*. Uma revolução que comece com uma "crise". Mas uma crise que, por meio do choque das contradições, amplie nossas possibilidades como humanos. Uma crise que, com o tempo, permita a elaboração de projetos indispensáveis à superação de nossas alarmantes limitações na direção de uma realização existencial e profissional, pessoal e coletiva de maior amplitude.

Alguém já disse que, quando a evolução cultural do homem não pode seguir seu caminho natural e efetivo, no sentido de uma promoção verdadeiramente humana e social, só uma revolução é capaz de fazê-lo.

Há pessoas que costumam sentir prevenção e receio diante da palavra revolução. E o período terrivelmente obscurantista[3] do qual começamos a nos distanciar não deixa dúvidas sobre a razão de ser desses temores. A chamada "revolução", vivida algumas décadas atrás, não nos parece o melhor modelo de verdade e justiça para *todos* os brasileiros. Os promotores e responsáveis por esse tipo de "revolução" não demonstraram muito interesse em desencadear verdadeiras, justas, profundas e radicais transformações no interior de nossa sociedade. O que se reforçou, isso sim, foi a superficialidade, a ingenuidade, o imobilismo e a visão de que cada brasileiro deveria desempenhar *obedientemente* a função que lhe é mais ou menos determinada

---

3. Referência à ditadura militar no período entre 1964 e 1985.

pela meta da produtividade. Esses nada mais são do que os requisitos básicos para a manutenção de certa "ordem" e de certo "progresso".

Uma revolução verdadeira exige a participação crítica de toda uma coletividade interessada em melhorar o padrão individual e social de todos os seus membros. Uma revolução cultural do corpo igualmente requer uma participação crítica, que busque a promoção efetiva do homem brasileiro em todos os seus aspectos. E não seria esse também o papel da nossa educação e, por extensão, da educação física?

Assim sendo, essa *revolução cultural* é um projeto a ser abraçado por todos aqueles que começam a perceber que é imperativo recuperar o *sentido humano do corpo*. E, num empreendimento como esse, o profissional da educação física tem uma função relevante a exercer, pois ocupa uma posição institucionalizada já há longo tempo – logo, privilegiada para dar respaldo de cunho educativo e social para escolares, atletas e um grande número de pessoas explicitamente preocupadas com o corpo.

Uma tal revolução não pode, contudo, ser um projeto exclusivo de profissionais da educação física. É necessária uma crescente participação de todas as camadas da população no nível da reflexão e no nível da ação. Neste último, ela deve estar voltada para todos indistintamente. No nível da reflexão, porém, o projeto precisa estar aberto a filósofos, educadores, teólogos, sociólogos, sexólogos, psicólogos, assistentes sociais, psiquiatras, médicos – enfim, àqueles que querem entender o corpo humano em todas as suas dimensões e que estão dispostos a lutar para lhe conceder menor repressão e maior dignidade.

É por esses meandros que pretendo caminhar desde o primeiro capítulo, buscando subsídios para uma reflexão mais aprofundada no desvelar de nossa realidade e, em especial, da educação física. Tomando por base um questionamento progressivamente mais amplo, profundo e maduro dos antigos e atuais conceitos e valores, por certo surgirá um ambiente favorável ao aparecimento de caminhos mais claros a trilhar. A isso chamamos "conscientização".

Desse modo é que, neste ensaio, tentarei sensibilizar os leitores quanto à necessidade de buscar alguns fundamentos metodológicos de uma pedagogia tanto lúcida como avançada, preocupada com um processo de aprendizagem que nos leve a desenvolver nossa animalidade racional de forma mais humanizante. Serão considerações que pretendem se constituir num referencial teórico para o desenvolvimento de algumas posições que precisamos assumir diante da educação física, da escola, da sociedade e da própria vida.

Não pretendo, neste trabalho, discorrer sobre técnicas de treinamento ou técnicas de ensino, mas apenas tecer comentários sobre alguns fundamentos para a educação física, por meio de uma *cultura do corpo* mais sólida, e "agitar" as consciências daqueles que estão (ou deveriam estar), de certa forma, envolvidos ou preocupados em ampliar as nossas possibilidades como agentes de renovação e transformação do meio em que vivemos.

Os que esperam uma "proposta pronta" deste ensaio talvez se decepcionem. Apresentá-la neste ensaio seria negar as próprias ideias expostas ao longo do nosso discurso. Não acredito em "propostas acabadas", do tipo "receita de bolo", tão comuns e valorizadas em nosso ambiente. As verdadeiras propostas (práticas) de trabalho na educação física, e em outros tantos ramos, são um projeto a ser construído em cada situação concreta em que elas pretendem se realizar por intermédio dos valores que conscientemente aceitam todos os participantes do processo. E, para ser legítimo, tem de ser necessariamente um projeto coletivo. (Não seria essa participação a base para uma revolução?) Nesse sentido, é preferível até que seja um projeto coletivo cheio de contradições, em vez de um projeto coerente, mas individual.

Estou consciente de que a maioria dos profissionais voltados para as atividades do corpo tem ficado obsessivamente preocupada em arranjar um punhado de procedimentos que permita dar cabo de suas tarefas e sem tempo para se preocupar em descobrir, de forma crítica, o real sentido de suas ações. É talvez por isso que existam tantas obras que falam sobre técnicas específicas e raríssimas que as justifiquem na sua globalidade. O uso metodológico das técnicas nada mais é que um meio para atingir determinados fins. Certamente, essas técnicas estarão isentas de real significado para o nosso desenvolvimento se deixarem escapar uma visão clara de sua contribuição na busca do entendimento do fenômeno humano em sua totalidade.

De qualquer forma, essa é uma situação angustiante e alguém tem de começar a falar, mesmo correndo riscos. Com esse propósito, estou preparado para ser chamado de "idealista", "sonhador", "poeta", "utópico" ou de qualquer outra coisa que signifique acreditar em um futuro que permita um presente menos desumano.

A introdução de um ensaio dessa natureza costuma ser quase sempre uma espécie de apresentação do trabalho que vem a seguir, com uma justificativa para "amarrar" o texto, de tal forma que se evite a garra das críticas que porventura a obra possa receber. Pelo que foi dito, entretanto, não é exatamente essa a minha intenção. Sendo assim, retomo o que comentei no início. A resolução de elaborar este texto não foi determinada pela superação dos dois aspectos básicos que mencionei no início. Primeiro, porque ainda hoje não me sinto em "totais condições de realizar uma missão que sempre considerei da mais alta responsabilidade". E é bom que esteja pensando assim. Admitir o contrário, ou seja, admitir estar em condições plenas para discorrer sobre assuntos complexos e dinâmicos, como os que envolvem a educação, a cultura e a sociedade, seria, ao mesmo tempo, não aceitar verdadeiramente sua própria complexidade e seu próprio dinamismo. Em segundo lugar, acredito que, para crescermos como sujeitos e seres sociais, precisamos, entre outras coisas, aprender a criticar e ser criticados, buscando transformar progressivamente os nossos valores. A isso equivale dizer que, ao incorporarmos a eles a humildade, o desprendimento, o profundo respeito às pessoas, a confiança e a esperança, estaremos aprendendo a ser "pedra" e "vidraça" com a mesma facilidade e desinibição; o que significa reconhecer as regras de um verdadeiro *diálogo* – um dos meios para uma revolução que abra caminhos definitivos à superação de nosso subdesenvolvimento, do qual fazem parte a nossa cultura do corpo e a educação física.

Entretanto, não é sensato achar que com apenas discursos e ideias sejamos capazes de destruir o errado, o antiquado e o absurdo, e substituí-los pelo certo, pelo moderno e pelo coerente. As mudanças mais radicais não ocorrem espontaneamente, sem revoluções. Mas é preciso, antes de tudo, dispor-se a assumir um *compromisso* consigo mesmo, com os outros, com o mundo e com a vida. O resto começará a acontecer depois disso.

João Paulo S. Medina
Jundiaí, janeiro de 1983

Nas sociedades alienadas, as gerações oscilam entre o otimismo ingênuo e a desesperança. Incapazes de projetos autônomos de vida, buscam nos transplantes inadequados a solução para os problemas de seu contexto.
Do pedagogo Paulo Freire, em
Educação como prática da liberdade

A situação tem que melhorar. Não é possível que os mais jovens não consigam perceber e fazer aquilo que nós velhos não conseguimos.
Do poeta Carlos Drummond de Andrade,
em entrevista, ao completar 80 anos

1
A EDUCAÇÃO FÍSICA PRECISA ENTRAR EM CRISE

Um panorama de nossa realidade

Parece um tanto estranho acreditar que uma *crise* possa fornecer algum tipo de auxílio no desenvolvimento de uma área qualquer de atuação, em uma sociedade como a nossa, já tão cheia delas. Mas é exatamente disso que a nossa cultura e a educação física parecem estar precisando, caso pretendam evoluir.

A crise é um instante decisivo, que traz à tona praticamente todas as anomalias que perturbam um organismo, uma instituição, um grupo ou mesmo uma pessoa. E esse é o momento crucial em que se exigem decisões e providências rápidas e sábias, se é que pretendemos debelar o mal que nos aflige. Muitas vezes, por trás de certas situações de aparente normalidade, escondem-se as mais variadas distorções ou patologias, que, em virtude daquela aparência, não são colocadas em questão.

Vejamos uma situação concreta. O futebol – considerado por alguns sociólogos como uma representação simbólica da própria vida em sentido mais amplo – dá-nos exemplos ricos e marcantes nesse aspecto. Basta que uma equipe comece a perder as possibilidades ou esperanças de chegar ao final do campeonato na posição em que o consenso dos grupos, dinamicamente envolvidos na competição, considera provável para o seu nível técnico, para que, numa proporção mais ou menos direta, comecem também a aparecer as justificativas que explicam as derrotas: o jogador X não anda motivado porque está querendo mudar de clube; os jogadores Y e Z estão bebendo excessivamente; a equipe não tem treinado como deveria; o treinador tem escalado mal a equipe; os diretores não têm dado o apoio devido aos atletas e à comissão técnica, e assim por diante. A situação piora ainda mais quando o fracasso definitivo se consolida: o treinador é demitido, alguns jogadores são colocados "à venda", os diretores realizam inúmeras reuniões, a torcida exige reforços no elenco e está aí configurada a crise. Bastaria que os resultados não fossem tão insatisfatórios para que todos esses problemas – considerando-os como reais – deixassem de ser significativos, ou seja, muito provavelmente eles seriam devidamente amenizados.

O exemplo apresentado deixa patente que certos aspectos da realidade ficam com seus contornos mais nítidos praticamente na mesma proporção em que as situações também ficam mais críticas, caracterizando-se, assim, uma crise que impõe certas medidas de mudança. É esse lado positivo da crise que pretendo destacar e até reivindicar – no final do capítulo – para a educação física e para uma cultura do corpo.

Nas relações sociais mais amplas, entretanto, as situações semelhantes às apresentadas não são tão fáceis de perceber nem as mudanças mais radicais ocorrem com tanta simplicidade. Todo poder constituído de uma nação exerce naturalmente sua influência na manutenção de uma ordem estabelecida. Qualquer tentativa de modificação nessa ordem é problemática. Das pressões mais sutis às repressões mais violentas, o critério fica por conta de um poder mais ou menos autoritário, de relações mais, ou menos, democráticas. Em outras palavras: a tendência natural de qualquer sociedade – desenvolvida ou não – para equilibrar seu funcionamento é padronizar seus valores e cobrar, de acordo com a estrutura e a natureza de suas instituições, o cumprimento de certas regras por parte das pessoas que compõem essa mesma sociedade. Tal realidade determina, de certa forma, as nossas ações. Contrariar os valores estabelecidos é sempre uma temeridade, um eterno risco e nem sempre as pessoas estão dispostas a enfrentar tais situações.

O panorama brasileiro pode ser visto desse enfoque. A predisposição ao conformismo é algo que nos caracteriza. No geral, assumimos posições totalmente descompromissadas com os caminhos que deveríamos tomar coletivamente e vivemos desempenhando falsos papéis. Via de regra, o que prevalece nas circunstâncias triviais é uma acusação ingênua do tipo: "Isto não está certo"; "Aquilo não deve ser assim"; "Você errou"; "Eles não sabem nada" etc. Para efeito de relacionamento, os erros começam constantemente da nossa pele para fora. O outro é quase sempre um inimigo em potencial, até que se prove o contrário.

Essas posturas assumidas são, muitas vezes, apenas uma técnica inautêntica de se relacionar com os outros e o mundo. O que ocorre comumente é que cada um, conhecendo suas limitações e deficiências, não as quer revelar, pois, assim agindo, acredita perder terreno na acirrada competição que se estabeleceu entre as pessoas. Pensar numa inversão dessa ordem estabelecida em nossa sociedade de consumo parece estar fora de cogitação para a maioria.

A superficialidade e a inautenticidade têm caracterizado a maior parte de nossas relações sociais. É, no mínimo, interessante perceber que determinados assuntos relevantes e mesmo decisivos para a realização plena do homem e da sociedade são simplesmente marginalizados, como se houvesse coisas mais importantes. A própria escola é uma instituição que permite um exemplo marcante a esse respeito. Durante todos os meus anos de bancos escolares, posso contar nos dedos as vezes em que os educandos (educandos?) tiveram oportunidade de refletir e agir concretamente no propósito de uma expansão de suas potencialidades e de uma interação com os outros e com a natureza. Embora seja este um testemunho particular, bem poderia ser o da maioria dos estudantes de primeiro, segundo ou terceiro graus. O que se viu e o que se vê são programas com conteúdos quase sempre frios, desinteressantes e estáticos, que tratam o mundo e o homem como se o primeiro não tivesse nenhuma relação conosco e o segundo não fôssemos nós mesmos. A ênfase tem recaído sempre – e cada vez mais – nas técnicas, nas chamadas "receitas culinárias", nos "pacotes" ou nas informações abstratas que servem, quando muito, para instruir, mas nunca para educar de verdade.

Constatações desse gênero são intrigantes na medida em que concluímos que aquela que deveria ser a grande meta do ser humano, ou seja, realizar-se como um *ser-no-mundo*, é constantemente escamoteada, obstaculizada, cerceada, impedida, driblada, evitada, reprimida, desencorajada.

Assim, pelos motivos já expostos, devemos concordar que falar, escrever e dialogar sobre nossa realidade não tem sido tarefa muito tranquila e pacífica na sociedade brasileira. Embora estejamos atravessando um período de transição na vida política e social pelo surgimento da chamada "abertura democrática", a verdadeira democracia ainda está por ser conquistada. Estou convencido de que essa conquista não se alcança apenas com medidas governamentais facilitadoras, mas também por meio de mudanças no comportamento dos responsáveis pelas nossas instituições e de todos aqueles que representam as diversas camadas sociais e que, no seu conjunto, fazem dinamicamente a vida do país. Poderíamos dizer, portanto, que a verdadeira democracia se consubstancia fundamentalmente nas relações entre as pessoas. Relações que precisam ser mais bem trabalhadas de forma efetiva.

É dessa perspectiva que se torna necessária, antes de tudo, a nossa *determinação* em participar desse processo de transformação do homem e da sociedade brasileira. As instituições não se modificarão se as pessoas que as constituem não mudarem. Um governo não se torna diferente ou aperfeiçoa senão por pressões dinâmicas e complexas.

A chave dessa metamorfose parece estar na capacidade de superação de certos níveis de vida para outros mais elevados. E não se trata somente de, por um lado, considerar como seres superiores aqueles que têm o poder nas mãos nem, por outro, de reconhecer que os demais – chamados pelos especialistas de "oprimidos", "dominados", "dependentes" ou "explorados" – são seres destinados à inferioridade e de tal maneira moldados pela *ideologia* daqueles "seres superiores", que fazem que os próprios "seres inferiores" assim se considerem. Falo também do ângulo que pode incluir os "opressores", os "dominados", os "independentes" ou os "exploradores" como seres inferiores por não entenderem – ou não terem interesse em entender – a verdadeira dimensão do que é *humano*.

A miséria do mundo: Uma miséria das consciências

O que diferencia fundamentalmente os seres humanos dos outros seres vivos conhecidos são as possibilidades de sua consciência. A consciência do homem pode ser compreendida como o estado pelo qual o corpo percebe a própria existência e tudo o mais que existe. Aceitar esse conceito é concordar com o filósofo Maurice Merleau-Ponty (1971), quando afirma que a consciência é percepção e a percepção é consciência. Essa observação parece-me básica para o desenvolvimento de certos pontos de vista que defenderei neste ensaio. Com base nisso, podemos trabalhar mais desimpedidos a ideia de que a consciência é um fenômeno que se aproxima muito mais do *corpo orgânico concreto* que das abstrações – como considerações isoladas – de espírito, mente ou alma. Na verdade, qualquer aspecto do homem é manifestado, e assim precisa ser entendido, por meio da unidade de seu corpo, se é que pretendemos dar a ele uma dimensão humana.

Em suma, a consciência só pode ser interpretada como uma expressão mental tendo em vista que esta, em última análise, seja entendida como uma manifestação somática. Dessa forma, poderíamos dizer que *a consciência está gravada no corpo*. O próprio conceito de liberdade não pode deixar de lado essa referência. É nas atitudes do nosso corpo, por meio da consciência, que podemos situar mais concretamente o problema da liberdade (aspecto básico quando consideramos, por exemplo, a importância de uma *educação libertadora* para sociedades do Terceiro Mundo).

Desse prisma, a consciência pode representar nossa liberdade ou nossa prisão. Sejamos mais claros: voltando à comparação do homem com outros seres vivos, em especial com outros animais, vamos notar que a racionalidade do homem lhe dá a oportunidade de transcender, de ultrapassar o determinismo biológico característico dos demais seres. Ao homem é possível, portanto, a escolha. Pode, até certo ponto, optar por seu caminho e isso é *liberdade*.

É essa possibilidade de interferência na realidade como sujeitos, com os outros e o mundo, com capacidade de transformá-los a todos, que caracteriza os homens verdadeiramente livres.

Fica então claro que, a exemplo da democracia, a liberdade não se ganha, mas se conquista por intermédio desse multirrelacionamento complexo e dinâmico entre as pessoas e com o mundo. Surge, assim, o contexto em que a consciência se expande pelo conhecimento, e o conhecimento se expande pela consciência.

O homem só pode *crescer* – isto é, ser cada vez mais – pelo aumento gradual e contínuo da percepção de si em relação a si mesmo, em relação aos outros, em relação ao mundo. Como ser incompleto e inacabado que é, sua vida deveria constituir-se em uma constante busca por concretizar suas potencialidades e, dessa maneira, *humanizar-se* a todo momento. Esse deveria ser o papel de todo o processo de construção dos seres humanos, quer seja por meio da educação formal, informal ou pessoal (autoeducação). Fato que, efetiva e lamentavelmente, não tem ocorrido.

A vida concreta dos indivíduos tem-se revelado, em grandes proporções, de forma exageradamente determinada, condicionada e alienada do mundo à sua volta, com poucas chances de superação dessa situação com base na qual os homens poderiam realizar-se.

Claro que, se fôssemos efetuar um estudo mais amplo sobre nossa consciência, poderíamos penetrá-la por vários outros aspectos que seriam por si sós ensaios interessantes para a compreensão mais completa de nossa posição existencial. Mas vejamos apenas aquilo que possa atender mais diretamente aos nossos propósitos.

Recorri às teses de mestrado em educação: "Educação e dominação cultural" e "Consciência crítica e universidade", defendidas respectivamente por Dulce Mára Critelli e Reinaldo Matias Fleuri na PUC de São Paulo (1978), para sintetizar as ideias básicas de Paulo Freire e Álvaro Vieira Pinto, relativas aos graus de consciência e aos fundamentos do diálogo.

A teoria freiriana distingue três graus de consciência em relação às possibilidades que as pessoas têm de interpretar e de atuar no mundo em face de suas existências.

O primeiro nível de consciência caracteriza aqueles indivíduos incapazes de percepções além das que lhes são biologicamente vitais. Vivem praticamente sintonizados no atendimento básico de suas necessidades de sobrevivência, como: alimentação, relacionamento sexual, trabalho e repouso. Assim, o processo natural pelo qual o homem se hominiza e se torna animal capaz de conhecer a realidade fica nesse caso reduzido às suas necessidades biológicas vitais. Usando uma expressão de Martin Heidegger, diríamos que esse tipo de homem é um "ser-no-mundo" plenamente "possuído pelo mundo" (Critelli 1978, p. 38). Essa consciência é chamada *intransitiva*.

Superado esse nível de consciência, aparece a consciência *transitiva ingênua*. Os portadores dessa modalidade de consciência são capazes de ultrapassar seus limites vegetativos ou biológicos. Restringem-se, entretanto, às interpretações simplistas dos problemas que os afligem. Suas argumentações são inconsistentes. Acreditam em tudo que ouvem, leem e veem ou, por outro lado, assumem posições tendentes ao fanatismo. Assim como os que possuem a consciência intransitiva, esses indivíduos são dominados pelo mundo como objetos, ou porque não conseguem explicar a realidade que os envolve, ou porque seguem prescrições que não entendem (Freire 1981b, p. 40).

Finalmente, temos o terceiro nível de consciência, característico dos indivíduos capazes de transcender amplamente a superficialidade dos fenômenos e de assumirem-se como sujeitos de seus próprios atos. Apoiam-se em princípios causais para a explicação dos problemas. Eliminam as influências de preconceitos. Percebem claramente os fatos que os condicionam em suas relações existenciais, tornando-se capazes de transformá-los. Essa é a consciência *transitiva crítica*.

Só é possível alcançar este último grau crítico de consciência por intermédio de um projeto coletivo de humanização do próprio homem. A consciência crítica percebe que o homem não é um ser que se constrói solitariamente para, numa fase posterior, juntar-se aos outros homens e ao mundo. Essa construção faz-se de forma efetiva dentro de todas as contradições em que vivemos conjuntamente. Portanto, significaria continuar na ingenuidade concordar com a existência desses três níveis de consciência, mas achar que eles se separam nitidamente uns dos outros. Na verdade, uma distinção clara é quase sempre impossível fazer. Há pessoas profundamente críticas em determinadas situações e ingênuas em outras. A caracterização de cada nível tem seu sentido prático na medida em que serve de referencial à conquista de consciências cada vez mais lúcidas e capazes de entender seus determinismos e de superar seus condicionamentos. Isso, segundo a teoria freiriana, se torna viável fundamentalmente pelo *diálogo* entre as pessoas. Mas um diálogo que ultrapasse as limitações que normalmente lhe são impostas nas relações entre as pessoas. Um diálogo alimentado pela *reflexão* e pela *ação*, e que obrigue à "superação constante das formas opressoras de conquistar, manipular e dominar os outros" (Fleuri 1978, p. 40). Para que tal processo ocorra, a promoção e a manutenção do diálogo requerem certas atitudes e condições indispensáveis.

Os fundamentos do diálogo

1. Uma primeira atitude e condição para que o diálogo aconteça é o *amor*. Sem ele não é possível um verdadeiro compromisso com os outros e com o mundo. Mas o amor não pode – como vemos frequentemente – ser considerado abstratamente. A palavra *amor* anda meio gasta pelo uso e, às vezes, pode até parecer ingênuo falar sobre o tema. Contudo, o fato é que sem o amor fica difícil pensar em humanização. Para Paulo Freire, o amor é "um ato de coragem pelo qual alguém assume a situação dos homens e se compromete com o seu processo de humanização". O compromisso com o outro implica reconhecer-lhe igualmente o papel de sujeito do processo de *conscientização* (processo de formação da consciência crítica) e de *libertação* (Fleuri 1978, p. 41). Isso é sintetizado com maravilhosa clarividência na voz de Gal Costa, quando canta: "Porque de amor para entender, é preciso amar...".*

2. Um segundo fundamento para tornar possível o diálogo é a *humildade*, ou seja,

   a atitude pela qual o sujeito se reconhece inacabado e percebe a necessidade de dialogar e colaborar com outros para transformação do mundo que o envolve e desenvolver-se como pessoa. Essa atitude se exprime na disponibilidade e na abertura para com o outro e para com a realidade. (*Ibidem*)

---

* "Só louco", composição de Dorival Caymmi. (N.E.)

30 Papirus Editora

3. Outro fundamento importante é a *esperança* na possibilidade de que todo homem tem de assumir-se como sujeito. Na *Pedagogia do oprimido*, Paulo Freire sugere-nos que "se os sujeitos do diálogo nada esperam do seu *que fazer* não pode haver diálogo". Interessante também é o que nos diz Álvaro Vieira Pinto a esse respeito:

> Todo homem que participa do processo de produção social é apto para formular um parecer crítico sobre a realidade, desde que conheça o condicionamento de seu pensar. Neste sentido, a erudição é um fator secundário. Por mais claro que seja o seu pensamento, ao faltar-lhe o reconhecimento dos motivos e das condições que o determinam, será marcado pela ingenuidade. (*Apud* Fleuri 1978, p. 41)

4. A *confiança* no homem em geral, e concretamente nas pessoas com quem se convive e trabalha, é outro fundamento para o diálogo:

> De fato, se a confiança implica contar com as capacidades e meios reais de que o outro dispõe ao querer assumir um problema comum, ela nasce e cresce a partir da constatação de fatos que manifestem efetivamente suas intenções e comprovem suas capacidade para realizá-las. (Fleuri 1978, p. 41)

5. O ato de dominação implica a busca de realização própria mediante alguma forma de anulação do outro. Dessa forma, o diálogo necessita também daquilo que Paulo Freire chamou de *serviço*:

> O serviço supõe que a busca da auto-realização se faça por meio da promoção humana do outro, o que por sua vez implica a renúncia ao modo de realização individualista, típica do opressor, para trabalhar em função do outro, ou da solução de problemas comuns. O homem que serve, porém, trabalha e se reconhece como autor de sua ação, reconhece-se como sujeito. Como opção própria e consciente, tal ato de servir não implica, como poderá parecer para alguns, o alienar-se, mas, ao contrário, o libertar-se. (*Apud* Fleuri 1978, p. 41)

6. E como último fundamento para que o diálogo se efetive temos o *testemunho*, que é a forma mais elevada de serviço:

> Esta atuação decorre de uma opção radical e coerente, pela qual se exige tudo de si, antes que dos outros. O testemunho é o ato que se faz antes sobre si mesmo (opção) e sobre o mundo (ação) e se constitui, posteriormente, num convite a que o outro assuma, por opção própria, uma ação transformadora da realidade, em favor da promoção do outro e do corpo social. Assim, o testemunho desperta a solidariedade, suscita a união e a organização. (*Ibidem*, p. 42)

Mergulhando na realidade humana da vida

A simples observação contemplativa dos fenômenos sociais que nos envolvem é insuficiente para compreendê-los. Enquanto ficarmos como espectadores mais ou menos estáticos da vida que está aí, nenhuma transformação significativa poderá ocorrer. Cabe a cada um procurar ascender a níveis cada vez maiores de consciência, desenvolvendo e enriquecendo um processo de consciência coletiva que leve o homem, por meio da ação, a buscar sempre sua *realização plena*, melhorando a qualidade de sua vida, conjuntamente com os outros. É como afirma o médico e filósofo Albert Schweitzer, referindo-se ao que ele entende por bem e mal:

> O bem é conservar a vida, promover a vida e elevar ao máximo possível o teor de valorização das vidas que se revelarem capazes de progredir. O mal é destruir a vida, oprimir a vida, impedir o livre desenvolvimento da vida nas vidas que se revelarem capazes de progredir. Somos chamados a viver: nossa vocação fundamental é viver. Temos que respeitar essa força, e toda a nossa ação e atividade devem ser orientadas no sentido de reverência pela vida. Respeito pela vida é, assim, o primeiro ato e manifestação consciente da vida em face de si mesma. (1959, p. 14)

Quem decide em favor da vida tem de "mergulhar" nela em sua totalidade. E quem decide mergulhar não pode esperar molhar apenas uma parte de seu corpo. Quem mergulha se molha "inteiro". Ou se acredita no homem ou não se acredita. Precisamos assumir posições – quaisquer que sejam elas –, fundamentá-las criticamente e defendê-las. Mas é necessário também revê-las, dobrar-se humildemente diante de alternativas entendidas como mais significativas. E, acima de tudo, há que se respeitar as posições contrárias. Não é possível conviver sem esses conflitos e contradições, se é que pretendemos buscar um projeto coletivo de convivência mais humana e justa, que comece pelo respeito ao indivíduo como pessoa.

É nesse sentido que qualquer cidadão, profissional ou não, não pode ficar alheio às situações que o envolvem e o condicionam no dia a dia.

Conforme mencionamos anteriormente, uma participação que se pretenda renovadora e transformadora no interior da sociedade, das instituições e mesmo em grupos e relações menores é sempre problemática.

Todo indivíduo que depende do seu trabalho vive num contexto sociocultural, político e econômico, e a ele está condicionado. Não pode, portanto, ficar indiferente – repito – a essa realidade se sua pretensão é a de compreender tais condicionamentos e, por meio deles, transformar o injusto e o desumano que o afetam.

Qualquer que seja a especialidade do homem que trabalha, sua tarefa deve ser percebida na totalidade em que funciona. Caso contrário, torna-se atividade alienante, fazendo que a pessoa que a desempenha se caracterize mais como objeto que como sujeito, dono do seu próprio processo existencial.

Em algumas profissões, talvez mais que em outras, essa percepção do todo, esse desvelar do mundo considerado por meio da interação do sujeito com os outros sujeitos, torna-se ainda mais fundamental. É esse o caso do professor, em especial do professor de educação física.

O que pretendo evidenciar a esta altura é que não se pode entender o papel da educação, e igualmente o da educação física, distante dos fatores que o condicionam estruturalmente. Disso se depreende também que não é possível participar de uma educação libertadora e verdadeiramente humanizante, se seus agentes não se percebem como sujeitos capazes de lutar contra os condicionamentos que os bloqueiam, que os impedem de valorizar o social, e ser cada vez mais *pessoas*. Seria o mesmo que enfrentar um inimigo que simplesmente não existe.

É por essas e outras razões que a política, entendida como instituição de poder constituído – legalmente ou não –, uma vez que exerce influência na maneira de ser dos indivíduos, não pode ficar ausente das preocupações de ninguém. E se é verdade que a instituição política, por meio dessa estrutura constituída de poder, procura controlar, moldar e preservar a sociedade em todas as suas manifestações, considerando os interesses e as apirações de seus mandatários, fica claro que é necessário penetrar melhor nesse entendimento para saber até que ponto tais interesses e aspirações vão ao encontro daqueles de todas as outras pessoas e grupos que compõem o corpo social da nação.

Quando as pessoas começam a notar mais nitidamente essas relações com suas discrepâncias e contradições, vão se tornando mais capazes de atuar a fim de conseguir uma superação desses problemas.

A classe dominante, detentora do poder institucionalizado, satisfaz-se na medida em que consegue manter mais ou menos intacta a ordem social por ela projetada em defesa de seus privilégios. Essa postura é sustentada por toda uma ideologia que procura justificar-se e defender-se de todas as formas.

É no processo dessa luta desigual entre as diferentes camadas sociais de nossa sociedade de consumo, a qual privilegia a extratificação econômica, que a estrutura de poder se estabelece, determinando e fazendo prevalecer grande parte do autoritarismo, da repressão, da corrupção e das injustiças existentes entre nós.

Não se trata de confundir a educação com a política. A esse respeito, comenta Moacir Gadotti na introdução de um dos livros de Paulo Freire:

> Não se pode separar o ato pedagógico do ato político, mas também não se pode confundi-los. Tenta-se compreender o pedagógico da ação política e o político da ação pedagógica reconhecendo-se que a educação é essencialmente um ato de conhecimento e de conscientização e que, por si só, não leva uma sociedade a se libertar da opressão... Depois de Paulo Freire ninguém mais pode negar que a educação é sempre um ato político. Mesmo aqueles que tentam argumentar o contrário, afirmando que o educador

não pode "fazer política", estão defendendo uma certa política, a política da despolitização... Se a educação brasileira sempre ignorou a política, a política nunca ignorou a educação. Não estamos politizando a educação. Ela sempre foi política. Ela sempre esteve a serviço das classes dominantes. (*In* Freire 1981b, p. 14)

É característico das consciências ingênuas pensar que o educador poderá ser um verdadeiro agente de renovação e transformação, preocupando-se exclusivamente com as particularidades do processo pedagógico, ou, por outro lado, acreditar que nossa situação social, cultural, política e econômica apresenta problemas que só o governo, por intermédio de políticos e tecnocratas, poderia resolver e discutir, e ninguém mais.

Os homens têm de fazer-se sujeitos da história e não objetos. Devem fazer-se livres e não alienados.

Entretanto, é bom frisar de não entendo a política como a última instância – como pode parecer pela ênfase dada a ela neste capítulo – capaz de permitir finalmente ao homem penetrar em todos os seus problemas, resolvendo-os indistintamente. Nossos problemas existenciais extrapolam o âmbito político-econômico, como provam as nações com processos democráticos e contornos político-econômicos mais adiantados e claros.

A política é o instrumento de superação das dificuldades mais vitais à sobrevivência, pois liberta e libera o homem para investidas mais efetivas na busca de sua real identidade e de sua mais autêntica felicidade, ou seja, quer no seu sentido individual, quer no sentido coletivo.

Portanto, o contexto político deve ser compreendido como ponto de passagem decisivo, mas não necessariamente definitivo, para a nossa realização plena como seres humanos.

Uma crise para a educação física

Por tudo que foi dito, podemos começar a concluir que a educação e a educação física não se realizam de forma neutra e independente. Não se tornam práticas educativas se distantes dos costumes, das classes sociais, da política, de uma ética, de uma estética, enfim, do contexto existencial mais amplo que as envolve.

Por outro lado, numa sociedade de consumo como esta em que vivemos, fortemente condicionada por interesses de lucro, fica evidente que os educadores, os verdadeiros educadores, não podem deixar de atentar para os desvios a que estamos sujeitos em termos de busca dos nossos valores de vida mais expressivos. Não se pode esquecer que estamos todos envolvidos pela mentalidade do *ter mais*, mesmo que isso implique *ser menos*. Impõe-se como tarefa fundamental perguntar *para quê, por quê* e *para quem* se dirige a educação. As respostas devem ser refletidas e as conclusões, incorporadas e utilizadas no nosso agir diário.

A moda, entendida como fenômeno social típico das sociedades de consumo, de tendências comportamentais temporárias para uso ou prática de certos hábitos, é explorada aos seus limites máximos de lucratividade, na dependência direta de uma cultura que a assimila. Ainda assim, a moda não deixa de ser uma manifestação que, estabelecendo-se nessa cultura que a assimila, se transforma em fenômeno cultural e social. Em outras palavras, a moda também é cultura. Costuma-se distinguir, entretanto, essa manifestação efêmera, passageira, de outras de caráter mais permanente ou duradouro, estas chamadas por alguns de verdadeiramente culturais.

As atividades físicas, como expressão de lazer, de trabalho ou de valorização genuinamente humana, têm sido motivo de maior atenção nos últimos tempos por parte de psicólogos, psiquiatras, sociólogos, educadores, filósofos e, obviamente, políticos.

De repente, curtir, moldar, cuidar do corpo passou a ser moda. Mil providências foram então tomadas e, claro, colocadas no mercado, para que essas mais "recentes necessidades" das pessoas fossem atendidas. Por isso, o surgimento de inúmeros "suportes" esportivos e de lazer, como agasalhos, camisetas, tênis, calçados especiais, quadras, raquetes, bolas, e ainda: medicamentos energéticos, alimentos "naturais", revistas especializadas, maiores espaços nos meios de comunicação, grupos de dança, academias de ginástica, clínicas de emagrecimento, disseminação das atividades físicas mais exóticas e até dezenas de faculdades de educação física.

De repente, é preciso cuidar do corpo. É preciso tirar o excesso de gordura. É preciso melhorar o desempenho sexual. É preciso melhorar o visual. É preciso competir. É preciso, acima de tudo, vencer. Vencer no esporte e vencer na vida. Mas acontece que nunca perguntamos a nós mesmos o que é realmente vencer na vida.

Nesse panorama, a educação física desenvolve-se e prolifera em nosso país. E hoje, mais que em qualquer outra época, ela vem atendendo a toda essa demanda da sociedade de consumo. Dessa forma, seus profissionais são orientados a preencher esse enorme campo que se abre; um campo de trabalho sem precedentes na história da educação física nacional, e que já ultrapassa em muito o âmbito escolar a que basicamente se restringia o licenciado tempos atrás.

Formado – ou mesmo antes de completar seu curso –, o profissional vai como professor ou técnico em busca de mercado. E, encontrando seu lugar, procura desempenhar fielmente a função técnica que dele se cobra. Procura dar exatamente aquilo que se pede a ele. Esse é um traço do perfil generalizado do profissional da educação física no Brasil. É por meio desse tipo de relação que, segundo me parece, é possível analisar parte da falência dessa disciplina como proposta de real valor: aquela educação física compreendida como disciplina que se utiliza do corpo, por meio de seus movimentos, para desenvolver um processo educativo que contribua para o crescimento de *todas* as dimensões humanas.

É nesse sentido que se pode apreender que a crise que costuma atingir quase todos os setores da sociedade que clamam por desenvolvimento parece não estar perturbando muito a educação física. Ela vem cumprindo de maneira mais ou menos eficiente, disciplinada e comportada a *função que a ela foi destinada* na sociedade.

Se na educação começam a surgir inquietações com as mazelas de nosso ensino institucionalizado; se na educação aparecem os primeiros movimentos no sentido de repensar toda nossa estrutura educacional, gerando consequentemente propostas concretas de mudança, lamentavelmente o mesmo ainda não começou a ocorrer no âmbito específico da educação física, pelo menos de forma significativa. A crise que começa a se instaurar na educação brasileira, fruto das reflexões, do debate, das discordâncias, das frustrações, da confrontação ideológica, dos erros e acertos de suas teorias e práticas, pouco tem afetado a educação física, como se ela não fosse em última análise um processo educativo.

Por mais paradoxal que possa parecer, as propostas alternativas de abordagem do corpo e de seus movimentos têm surgido muito mais fora do círculo da educação física que dentro dele. Os movimentos que defendem o valor educativo, e até curativo, de certas atividades – como a antiginástica, a *hatha yoga*, o *tai chi chuan*, a dança, a "expressão corporal", a dramatização, a bioenergética, entre outras técnicas – não têm espaço nas escolas de educação física e não preocupam muito seus profissionais. Nas instituições de ensino, com raríssimas exceções, nem se discute seriamente o valor desses movimentos, num confronto com a validade de suas próprias técnicas. Mesmo as críticas cada vez mais acentuadas às atividades militarizadas, como a calistenia e algumas modalidades de ginástica, não são devidamente estudadas nas escolas, com seus currículos ultrapassados. Como também não são pesquisados aspectos relacionados à monocultura do futebol em nosso país, ao halterofilismo feminino, à especialização precoce, à real importância das modalidades esportivas como o atletismo, o basquetebol, o tênis e o boxe, e muitos outros assuntos que deveriam dizer respeito ao profissional da educação física. E é assim que seus profissionais ou futuros profissionais não se posicionam criticamente, a favor ou contra, em relação a muitos temas que lhes deveriam preocupar.

A educação física precisa entrar em crise urgentemente. Precisa questionar criticamente seus valores. Precisa ser capaz de justificar-se a si mesma. Precisa procurar sua identidade. É preciso que seus profissionais distingam o educativo do alienante, o fundamental do supérfluo de suas tarefas. É preciso, sobretudo, discordar mais, dentro, é claro, das regras construtivas do diálogo. O progresso, o desenvolvimento, o crescimento advirão muito mais de um entendimento diversificado das possibilidades da educação física que de certezas monolíticas que não passam, às vezes, de superficiais opiniões ou hipóteses.

A palavra *crise* tem muitos significados. Destaquemos três deles. No seu sentido mais popular, a crise é sempre entendida como uma perturbação que altera o curso ordinário das coisas: crise econômica, crise política, crise existencial etc.[1] A sociologia a entende como uma situação social decorrente da mudança de padrões culturais, que se supera na elaboração de novos hábitos por parte do grupo. É a fase de transição em que, abaladas as antigas tradições, não foram ainda substituídas por novas.[2] No seu sentido médico-psiquiátrico ou psicológico, não só representa uma mutação de valores, do conceito filosófico do mundo ou da atitude perante a vida, mas também a eleição ou a mudança na profissão, uma orientação no modo de viver.[3]

Para a educação física, poderão ser todos esses os sentidos de uma crise. Não só precisamos alterar o curso ordinário – aliás, bem "ordinário" – que ela vem seguindo, como também buscar a sedimentação de novos padrões culturais e, afinal, lutar por novos padrões de vida. A uma educação física realmente preocupada com o ser humano não basta concordar plenamente com a sociedade. É necessário que faça uma permanente crítica social; seja sensível às diversas formas de repressão a que as pessoas estão sujeitas e ajude-as a entender seus determinismos e a superar seus condicionamentos, tornando-as cada vez mais livres e humanas.

Se a "moda do corpo", como fenômeno passageiro, pode trazer saldos positivos para a formação de uma verdadeira "cultura do corpo" mais perene e consistente, isso vai depender muito de aproveitarmos ou não o momento histórico que estamos vivendo, de valorização – autêntica ou não – do *soma*. Promover uma verdadeira revolução do corpo fundamentada numa "cultura somática", reavaliando aquilo que foi profundamente desprezado durante séculos, é fato que não surgirá espontaneamente. Isso só poderá ocorrer por meio de *consciências críticas* que, num esforço conjunto e crescente, criarão condições de emancipação, e que certamente ajudarão o homem na construção de todas as suas dimensões animais e racionais. Quando isso acontecerá efetivamente? Provavelmente, só depois de instaurada a crise.

---

1. *Grande enciclopédia portuguesa e brasileira*, vol. III, p. 59.
2. *Idem*, p. 60.
3. *Verbo, enciclopédia luso-brasileira de cultura*, vol. 6, p. 361.

– Que é a verdade?... Anatole France considerava essa interrogação a mais profunda que já se formulou na terra. Na realidade, todas as demais questões dependem dela.
Will Durant, em *Filosofia da vida*

VERDADE – a palavra tem uma magia incomparável. Parece prometer o que realmente conta para nós. A violação da verdade envenena tudo aquilo que se obtém pela violação. A verdade pode causar dor e pode levar ao desespero. Mas é capaz – pelo fato meramente de ser verdade, independentemente do seu conteúdo – de oferecer uma satisfação profunda: a verdade existe, apesar dos pesares.
Karl Jaspers, em *Filosofia da existência*

2
A EDUCAÇÃO FÍSICA CUIDA DO CORPO... E "MENTE"

A falta de autenticidade pode ser uma forma de mentira

Todos devem concordar que é bastante difícil falar sobre algo que mal se conhece. O simples fato de conhecer algo não é o bastante para discorrer sobre ele com sabedoria. O verdadeiro conhecimento é aquele que penetra em nosso íntimo e passa a fazer parte de nossa maneira de ser. Em outras palavras, o conhecimento adquire significação quando é "incorporado", quando se dissolve no corpo. Somente dessa forma o conhecimento altera a qualidade de ser do homem. Segundo George Gurdjieff (*apud* Speeth, 1981, p. 63), por exemplo, há uma diferença básica entre conhecer e entender:

> O conhecimento – a aquisição de fatos, dados, informações – é útil ao desenvolvimento humano apenas até o ponto em que aquilo que foi adquirido é absorvido ou assimilado pelo nosso ser, isto é, só até o ponto em que é entendido. Se alguma coisa é sabida mas não entendida, haverá mentiras sobre ela porque não podemos transmitir uma verdade que não conhecemos.

Já não bastassem as dificuldades naturais que a linguagem verbal oferece a uma autêntica comunicação, as próprias relações entre as pessoas são quase sempre envolvidas por disfarces e joguinhos de esconde-esconde. Ambos são aspectos que cerceiam ainda mais as possibilidades de expansão de nossas consciências, impedindo o verdadeiro conhecimento ou, como diz Gurdjieff, impedindo o entendimento e, por consequência, o crescimento humano. É por essas razões que me confesso um tanto arredio a conceitos e definições emitidos de maneira demasiadamente formal. Tais formulações muitas vezes só servem para embaçar ainda mais a percepção que temos das coisas, prejudicando-nos em nossas relações mais fundamentais. Podem, quando muito, alimentar contatos e conversas, porém sempre pobres de conteúdo.

Existem professores e, por extensão, alunos – geralmente os mais aplicados – com verdadeira obsessão por conceitos e definições. Esses enunciados que procuram representar aquilo que as coisas são, se desvinculados de uma interpretação crítica, se transformam em *verbalismos*, pois são isentos de substância e vazios de sentido.

A escola, como instituição oficial, é fértil em produzir esse tipo de conhecimento. Sem maiores comprometimentos com a verdadeira natureza do ser humano, e, portanto, sem maiores preocupações com os aspectos mais significativos do seu crescimento, pouco contribui para que os alunos se realizem como pessoas, embora, às vezes, os auxilie em sua formação profissional. Mas de que valem as profissões e o próprio trabalho, se não contribuírem para dar soluções aos nossos problemas mais essenciais e melhorar a qualidade de nossa existência?

Nosso mundo vive hoje uma situação curiosa. Nunca na história da humanidade se acumulou tanto conhecimento como nos dias atuais. Esse fato, embora tenha permitido ao homem um domínio cada vez mais implacável sobre o meio ambiente, não lhe permitiu uma realização mais plena. E não é que o homem tenha se voltado para o exterior e esquecido de si, como podem alegar alguns. As ciências humanas ou sociais, por meio de seus diversos ramos, aí estão, empenhadíssimas em desvendar nossos mistérios. Dia após dia se descobre mais. Acontece, porém, que a evolução desse saber científico se tem dado em torno do cada vez mais específico. Em outras palavras, sabe-se cada vez mais apenas sobre o particular. Essa tendência metodológica das ciências leva-nos a perder mais e mais o contato com o geral, com o universal, com a unidade do todo, com uma visão mais ampla do ser humano em seu mundo.

A constatação dessa tendência das ciências em face da atual situação do homem no mundo nos faz crer que a verdade das partes não conduz nossa razão obrigatoriamente à verdade última do todo. O raciocínio lógico particularizado parece, nesse sentido, mais bloquear que abrir perspectivas para a compreensão do universo e de nossa existência. Faz-se necessária uma cosmovisão que divida menos e una mais.

Toda especialização distante de uma compreensão – tão ampla quanto possível – da unidade total em que se constitui o homem, de uma compreensão que contemple todas as suas dimensões, é um problema crucial para uma existência verdadeiramente humana.

A redução do corpo a uma de suas áreas de concentração – fato comum nas ciências humanas – é, ao mesmo tempo que esclarecedora de certas particularidades, perigosa, na medida em que nos distancia dessa compreensão do todo em que vivemos.

Dessa perspectiva, o corpo humano, salvo raras exceções, é tratado pura e simplesmente como um objeto em nada diferente de uma máquina qualquer: um carro ou, na melhor das hipóteses, um computador mais sofisticado. Assim, eliminam-se dele todas as peculiaridades do animal racional capaz de falar, sorrir, chorar, amar, odiar, sentir dor e prazer, brigar e brincar, capaz de ter fé e transcender, com sua energia, a própria carne.

Visite uma dessas grandes clínicas médicas especializadas em algum pedaço do corpo e a situação será evidente. Outro dia, meu pai, necessitando de uma radiografia do estômago, foi testemunha do ponto a que chegamos: sentado havia algum tempo na sala de espera, ouviu a seguinte frase do radiologista para sua assistente: "Ok, mande entrar o próximo estômago". O caso parece episódico, mas na verdade é bem sintomático e crescente não só na medicina, como também em outras profissões especializadas, entre elas a educação física. Exemplos alarmantes de desrespeito à totalidade e à dignidade do ser humano são observados a todo momento. Falta a todas essas especializações um referencial básico que valorize o homem. O que ocorre é que essa valorização parece diluir-se gradativamente, à medida que tentamos compreender o todo por meio das partes. O grande denominador comum das ciências numa sociedade consumista como esta em que vivemos parece ser muito mais sua lucratividade e muito menos nossa qualidade de vida.

E não se trata aqui simplesmente de nos posicionarmos contra a especialização, contra o sistema ou contra o lucro. Trata-se, isso sim, de tentarmos resgatar os valores mais essenciais à nossa *humanização*. A especialização não pode deixar de levar em conta esse referencial básico de valorização do homem para, em cima dele, crescer. Só assim, acredito, os conhecimentos poderão sutilmente se transformar em verdadeira sabedoria.

O homem explicado é sempre um homem fragmentado

A noção vulgar do corpo humano recebe as mesmas influências maléficas do vírus que divide as ciências. Ao tentar explicar todas as suas dimensões, o homem retalha-se em duas, três ou quatro partes e depois se torna incapaz de perceber a totalidade em que elas se realizam. Uma totalidade que inclua o outro e a natureza.

Há aqueles que acreditam, por exemplo, em um dualismo entre corpo e alma, corpo e espírito ou corpo e mente; outros já preferem vislumbrar três entidades distintas: corpo, mente e espírito, ou corpo, mente e alma, e assim por diante. Servindo-me de algumas reflexões de grandes pensadores a respeito do homem, tentarei resumir certos pontos de interesse a todos que, de uma forma ou de outra, tratam da problemática do corpo humano.

Entretanto, é bom esclarecer desde já que não tenho a intenção de penetrar numa discussão filosófica estéril ou numa abstração teórica de difícil fundamentação, sem qualquer sentido prático. Afirmar, por exemplo, que a alma é uma substância independente do corpo, irredutível e imortal é ultrapassar os limites do científico e adentrar no terreno escorregadio da crença ou da fé. Não é esse o escopo do ensaio em questão. Se voltar a falar em crença ou fé será da crença ou da fé no ser humano apenas. Não desejo transpor essa linha demarcatória. O que pretendo é tão somente demonstrar a necessidade de uma compreensão tão global quanto possível da nossa existência como fenômeno essencialmente humano, recuperando,

46 Papirus Editora

assim, seus mais legítimos valores, entre eles a própria dimensão do corpo. Pois será dessa visão do homem em seu mundo concreto que dependerá a atuação mais efetiva de todos aqueles que pretendem exercer coletivamente o papel de agentes renovadores e transformadores da cultura em que vivem. E por acaso não seria exatamente esse o papel de todo verdadeiro educador, portanto também o do próprio professor de educação física?

A filosofia e a teologia, através dos tempos, têm dado diferentes interpretações ao significado de corpo, mente, razão, espírito e alma. E embora exista uma distância significativa entre o discurso dos filósofos e teólogos e aquilo que pensam as pessoas comuns, temos de admitir uma influência daqueles sobre estas. Dependendo do grau de dependência dessas relações e do momento histórico que se atravessa, tais influências serão mais ou menos fortes. Nesse particular, é de salientar o papel que a religião tem exercido ao longo dos séculos, em grande número de pessoas, com reflexos em suas visões de homem e de mundo. O dualismo corpo/alma é um exemplo vivo de inculcação, do qual o resultado tem sido uma imagem distorcida e pecaminosa do corpo na cultura ocidental.

Embora, nas classes sociais mais abastadas, a moda ordene que se fale e se cuide do corpo até com certa obsessão, a verdade é que ele ainda é profundamente reprimido. E, diga-se de passagem, essa repressão não apenas é o reflexo direto dos tempos da sacrossanta inquisição, como também é fruto da influência dos intelectuais, que sempre insistiram em atrofiar o que consideravam – e consideram até hoje – "um simples objeto que a nossa mente e/ou o nosso espírito tem a obrigação de carregar", pelo menos durante esta nossa vida telúrica.[1] Tudo isso sem levar em conta a situação das classes mais baixas da sociedade, em que a repressão ao corpo é ainda mais patente.

Mesmo particularmente, vendo mais coerência na teoria ou na perspectiva filosófica que afirma ser o homem redutível a uma unidade, a um elemento único que o constitui (*monismo*),[2] que na teoria – mais aceita entre nós – que afirma ser o homem composto por dois ou mais princípios

---

1. João Paulo S. Medina, "Um pouco de conversa sobre o corpo", 1981, p. 1. (Mimeo.)
2. *Enciclopédia Barsa*, vol. 9, p. 309.

ou substâncias independentes e essencialmente irredutíveis (*dualismo* ou *pluralismo*),[3] tenho críticas a fazer às duas posições, pois a *subestimação do corpo* se concretiza a partir do momento em que qualquer uma delas assume um sentido prático.

Consideremos, inicialmente, a posição dualista ou pluralista, que interpreta, respectivamente, a alma e o corpo, ou o corpo, a mente e o espírito como substâncias nitidamente distintas e irredutíveis. Tal concepção tem levado o homem, por meio dos fundamentos que o norteiam, à sua *fragmentação*. Nesse particular, concordo com Delbert Oberteuffer e Celeste Ulrich, quando, em sua obra *Princípios da educação física*, observam que:

> Este conceito persiste, em virtude das fortes crenças na noção de divisibilidade do homem. Daí resulta outro conceito historicamente velho e profundamente enraizado de que a educação trata das atividades mentais, a religião das atividades espirituais, e as atividades físicas não só têm pouco interesse para o educador e o teólogo, mas são também, na realidade, de nível inferior e não merecem a atenção dos que se preocupam com as atividades "mais elevadas" e "mais significativas" do espírito e da mente. (1977, p. 3)

Concordo ainda quando afirmam que mesmo na educação física há os que agem pensando nessa noção de divisibilidade do homem:

> Desenvolver o corpo parece, para esses profissionais, um trabalho relativamente simples, que se executa através de exercícios e treinamentos contínuos. E se o exercício é o objetivo principal da educação física, então, por que se incomodar com outras coisas? E a linha de argumentação é sempre deste teor. (*Ibidem*)

Fica evidenciado, portanto, que embora o dualismo (ou pluralismo) não preveja essas repercussões práticas, temos de concluir que elas ocorrem muito frequentemente e suas consequências têm sido, muitas vezes, desastrosas, não só depreciando o corpo, como também desconsiderando a própria totalidade da dimensão humana.

---

3.   *Idem*, vol. 5, p. 236.

Vejamos agora uma outra posição. Aquela que considera o homem como uma unidade irredutível, uma substância única. Também aqui surgem limitações de ordem prática. Dois dos principais tipos de monismo são o *materialista*[4] – que interpreta a realidade essencialmente em função da matéria – e o *idealista* – que reduz a matéria a uma simples aparência mental. No monismo idealista, a realidade fundamental é o espírito. No primeiro caso, suas consequências têm desembocado no senso comum em posturas que empobrecem a própria dimensão corpórea do homem, excluindo-se suas potencialidades e expressões mais significativas. No segundo, igualmente se desconsidera o corpo, entendendo-o como um simples instrumento acessório do espírito.

O que desejo deixar claro é que essas e outras perspectivas, muitas vezes brilhantemente defendidas por filósofos e intelectuais, se esvaziam na concretude das ações humanas comuns. E como são essas ações comuns, as ações do dia a dia, que constituem o centro de nossas preocupações, cabe redimensioná-las melhor.

Acredito que a filosofia, como disciplina de conhecimento, assume sua função mais nobre quando ultrapassa seu hermetismo elitista e penetra no senso comum, democratizando-se e, portanto, sendo útil às pessoas (Politzer s.d., p. 18; Saviani 1982, pp. 10 e 14).

Não é raro ouvirmos afirmações como a que enfatiza que o ser humano é muito mais que o seu corpo. Creio, porém, que cabe a pergunta: Que corpo é esse? Se pensarmos em um corpo apenas de carne, pele, ossos e alguns órgãos acessórios, evidentemente chegaremos à conclusão de que o homem é muito mais que isso. Da mesma forma, se considerarmos o homem como um ser composto de corpo, mente e alma, e não o percebermos em sua unidade e totalidade, estaremos, quando muito, percebendo particularidades significativas. Também nesse caso, o corpo não recebe a dignidade que lhe cabe e continuará sendo um amontoado de carne, ossos, pele e alguns outros acessórios, só se mantendo vivo enquanto houver uma alma ligada a ele.

---

4. *Idem*, vol. 9, p. 309.

O homem é um ser incompleto e inacabado, e são as suas interações com os outros e o mundo que o torna completo. O homem isolado é uma abstração. O homem concreto é aquele entendido no seu contexto, inseparável de suas circunstâncias, e que se desenvolve mediante um processo dinâmico e de reciprocidade. Isso quer dizer que o mundo, por meio da cultura, do ambiente, do momento histórico e dos valores, enfim, forma – ou deforma – os homens, que, por sua vez, constroem – ou destroem – o mundo. Portanto, na unidade em que se constitui o homem, deve-se inevitavelmente incluir a inserção na sociedade e na natureza. A esse respeito, os trabalhos de Karl Marx foram bastante expressivos. Ele valorizou definitivamente o papel social do homem e percebeu o seu vínculo com a natureza, chegando a afirmar até que "a natureza é o corpo inorgânico do homem" (*apud* Alves 1979, p. 21). E isso pode ser comprovado pelas necessidades mais básicas do homem e também dos outros seres vivos. O ar e o alimento, indispensáveis à sobrevivência, são exemplos marcantes dessa apropriação feita pelo homem, tornando a natureza parte de seu corpo. Se o homem é um ser de relação por excelência, deixa de ser homem concreto a partir do momento em que não mais existe essa relação.

Quando se fala em corpo, a ideia que prevalece costuma ainda ser a de um corpo que se opõe ou se contrapõe a uma mente ou a uma alma. É preciso pôr abaixo essa construção realizada por nossas consciências. Tal visão representa, a meu ver, um erro de percepção com prejuízos à compreensão do ser humano. Apesar de serem essas divisões interpretadas como procedimentos didáticos para auxiliar o entendimento, na verdade o prejudicam se estacionarmos nesse processo divisório. A divisão só é válida na medida em que não se perca de vista a totalidade na qual a particularidade se manifesta.

Em busca da essência do ato educativo

Observamos, anteriormente, que o homem é um ser por se fazer. Um ser incompleto, inacabado e que só é viável por meio de suas relações com os outros seres e com o mundo. É nesse prisma que o processo educativo se realiza. Nessa linha de raciocínio, poderíamos afirmar que a *educação seria um processo pelo qual os seres humanos buscam sistemática ou assistematicamente o desenvolvimento de todas as suas potencialidades, sempre no sentido de uma autorrealização, em conformidade com a própria realização da sociedade.* Nas palavras de Saviani (1982, p. 51), ela seria "o processo de promoção do ser humano que, no caso, significa tornar o homem cada vez mais capaz de conhecer os elementos de sua situação para intervir nela, transformando-a no sentido de uma ampliação da comunicação e colaboração entre os homens". Isso ocorre, conforme já foi colocado por diversos pedagogos, por meio de transformações nos níveis de habilidades, conhecimentos e ideais (atitudes) das pessoas. É por intermédio dessas transformações que se atende à grande finalidade da educação como processo: *tornar as pessoas cada vez mais humanas.*

Não é, entretanto, o que tem ocorrido com frequência. Estamos perdendo de vista esse referencial básico de valorização do humano. Ele se esvazia, na proporção em que objetivos menores são tomados como as grandes metas do processo educativo.

Na caracterização do significado da educação, ficou implícito que o ato educativo só se completa quando se provoca uma mudança no comportamento. Conforme Paul Chauchard, "o comportamento é entendido como as reações de conjunto do organismo, em resposta aos sinais que o indivíduo recebe do meio ambiente, somados a certos estados internos" (*apud* Mendes s.d., p. 70). É essencialmente da intensidade de uma mudança interior que dependem as nossas atitudes. O ato educativo não se conclui como processo apenas de fora para dentro. Entendê-lo dessa maneira só tem sentido como forma de adestramento ou treinamento, sem conteúdo genuinamente educativo. A esse propósito, parece-me correta a conclusão de Buytendijk, em sua obra *O homem e o animal*, de que "a contração muscular só tem significado educativo quando é a expressão de uma significação vivida e de uma atividade intencional" (*apud* Mendes s.d., p. 76).

Todos nós deveríamos entender que a palavra, por exemplo, seja escrita ou falada, *por si só* não provoca mudanças no comportamento. Pode, quando muito, desencadeá-las. Logo, não é a palavra nem o gesto – nem mesmo a imposição do professor sobre o aluno – que vão educá-lo verdadeiramente. Nesse sentido, ninguém educa ninguém. O contato do mestre com o discípulo pode ser uma riquíssima troca de energias, na qual o primeiro tem suas responsabilidades específicas e, portanto, age como incentivador e organizador do processo educacional sistematizado, mas, ao mesmo tempo, poderá receber estímulos igualmente educativos, se assim o decidir. Poderíamos dizer, então, que, numa efetiva interação entre professor e aluno, ambos se educam. O profissional de educação física que percebe essa relação afetiva transforma sua ação em um gesto de amor, em que todos se beneficiam.

As sinergias musculares que caracterizam fisiologicamente o movimento humano serão tanto mais ricas quanto mais trouxerem em si uma expressão significativa da própria vida. Caso contrário, tornam-se gestos mecânicos em nada diferentes daqueles de que é capaz um robô ou outra máquina qualquer. Ampliar essa significação é papel de uma educação física plenamente consciente de seu valor humano. Essa não é, contudo, uma tarefa fácil.

Entre as finalidades mais autênticas e legítimas da educação física e sua realização prática, cujo profissional se coloca face a face – ou corpo a corpo – diante daqueles que estão sob sua orientação, é que se interpõem as barreiras que precisam ser vencidas. E é também aí que aparecem as "verdades" e as "mentiras" de cada uma de nossas ações. É da consideração dessas situações práticas que ocorrem no ginásio, no campo, na quadra, na piscina, na pista, no salão de danças, no tablado de tatame, no pátio, no bosque, na sala de aula, ou mesmo na rua, que ficam anuladas as abstrações sem sentido.

Tomemos como exemplo o ato de andar ou correr, instrumento dos mais naturais utilizado pela educação física. Se o profissional da área, seja ele educador em uma escola ou treinador em um clube esportivo, considerar tal ato em sua perspectiva "bruta", isto é, no seu sentido fisiológico mais vulgar – como é comum, sem interpretá-lo em toda a sua essência –, estará a empobrecê-lo substancialmente. O correr de uma criança não é o mesmo de um adulto, como o andar de uma mulher não é o mesmo de um homem. Da mesma maneira, o andar e o correr de um homem não são iguais ao de outro. O caminhar da pessoa de uma classe social carente não tem o mesmo significado do caminhar de alguém vindo de uma classe social mais favorecida. O mesmo podemos dizer a respeito de cada movimento humano, que não se repete de modo mecânico e idêntico, não só de uma pessoa para outra, mas também se diferencia na mesma pessoa em momentos distintos. Hoje eu posso correr, sentindo-me disposto, leve e alegre. Amanhã, por um motivo qualquer ou mesmo sem motivo aparente, talvez esteja me sentindo indisposto, pesado e triste, embora possa estar melhor fisiologicamente (mais treinado ou adestrado) em relação há algum tempo.

Correr três mil metros em dez minutos pode ser um objetivo imediato, particular ou específico de um programa de educação física, mas nunca uma finalidade em si, nem mesmo em um esporte de alta competição.

O ser humano movimenta-se sempre de uma forma simbólica e expressiva. Aquele que não procura interpretar essas significações não pode saber exatamente o que está fazendo.

As vítimas da educação brasileira não são só aquelas que não têm acesso à escola

A falta de uma reflexão mais séria, profunda e radical em torno do significado mais amplo da educação física tem tirado dessa disciplina a oportunidade de se estabelecer definitivamente como uma verdadeira arte e ciência do movimento humano. Conforme já abordamos no Capítulo 1, o momento que atravessamos é propício para um repensar e para uma tomada coletiva de posição mais clara nessa área e possibilita, assim, a modificação e a ampliação considerável não só de seu campo de estudo, como também de seu âmbito de ação.

O aumento indiscriminado do número de escolas que oferecem cursos de educação física no período de 1968 a 1975, embora tenha sido um sintoma de abertura do mercado de trabalho, provocou uma inevitável queda da qualidade de ensino, obrigando as instituições de ensino à absorção de pessoal docente sem os requisitos mínimos necessários para exercer suas funções. Aliás, essa foi a política orientada para todo o ensino de 3º grau, a qual baixou sua qualidade a níveis alarmantes. A universidade e o ensino superior de uma forma geral, como todos sabem, se encontram hoje numa situação simplesmente lamentável, clamando por soluções urgentes.

De quatro escolas de educação física existentes em 1968, no estado de São Paulo, chegou-se a 36 em 1975 (em 1982 existiam 32), em todo o território nacional, esse número atingiu, em 1977, perto de cem escolas em funcionamento.[5] Como resultado, foram – e estão sendo – jogados no mercado profissionais totalmente desqualificados para a realização de papéis com cunho educativo. E os resultados estão aí para quem quiser ver.

Quem procurar, por exemplo, traçar um perfil do nível de formação de um aluno médio em uma escola de educação física do primeiro ao último ano provavelmente vai encontrar um quadro mais ou menos assim:

a) semialfabetizado;

b) incapaz de explicar com clareza a que se propõe a disciplina educação física;

c) noção pouco ampla das finalidades da educação;

d) visão mais voltada para alguns esportes, em detrimento de outras práticas educativas;

e) dificuldade em entender a importância de uma fundamentação teórica em relação à prática;

f) supervalorização do sentido de competição das atividades, com ênfase no resultado e na vitória;

g) visão essencialmente individualista, em detrimento de uma visão mais social do processo educativo;

h) possuidor de uma consciência caracteristicamente ingênua;

i) extrema dificuldade de comunicação e manutenção de um diálogo efetivo.

A falência e a falácia da escola ficam patentes ao se perceber que ela faz muito pouco no sentido de alterar esse estado dos alunos, em sua trajetória

---

5. Dados atualizados para 2009: estima-se que tenhamos cerca de 530 escolas de educação física/esportes no Brasil, segundo pesquisa da Escola Superior de Educação Física (2010).

do primeiro ao último dia de aula. Ao contrário, é comum verem-se reforçados certos aspectos negativos que os estudantes trouxeram de níveis anteriores para o superior.

Ao se constatar que esses universitários representam menos de 3% de privilegiados da população com condições de alcançar o topo da pirâmide educacional,[6] não fica fora de propósito conjeturar se a escola, como instituição oficial, tem alguma razão de ser no sentido de promover o homem brasileiro. Só mesmo uma firme convicção e a esperança nas reais possibilidades do homem é que poderão manter vivas as forças capazes de transformar a escola em um templo onde se cultive o efetivo saber e que colabore com os aspectos afetivos, psicomotores, culturais, espirituais e sociais dos educandos.

Uma pequena amostra do nosso nível de ensino

A título de ilustração, quero relatar parte da pesquisa realizada com alunos em fase de conclusão do curso de educação física que me permitiu chegar a algumas constatações neste ensaio apresentadas quanto ao seu nível de formação em uma tradicional instituição paulista de ensino. Tal pesquisa, completada com informações colhidas de estudantes de outras instituições igualmente conceituadas, permite-nos chegar à conclusão de que o significado da amostra não representa apenas um fenômeno isolado.

Uma das questões da pesquisa indagava sobre o sentido, para o aluno, da disciplina educação física. Objetivamente, a pergunta era: "Em sua opinião, o que é educação física?". As respostas apresentadas a seguir foram selecionadas não de acordo com o conteúdo em si, mas pelo que considerei representar a média do pensamento dos alunos, incluindo-se desde as mais fracas até as mais elaboradas e excluindo-se, portanto, as que apresentavam certa semelhança entre as já escolhidas. A grafia e a acentuação originais foram mantidas nas respostas.

---

6. Segundo o Pnad, os universitários brasileiros representam menos de 3% da população do país.

PERGUNTA: Em sua opinião, o que é educação física?

RESPOSTAS: Acho que é saber de uma maneira mais correta, mais adequada e precisa em como educar o físico.

A Educação Física não serve só para educar o físico e sim os movimentos que são ferramentas do professor de Educação Física.

É uma matéria importante vista nos dias de hoje com mais afinco, ela é levada mais a sério, é debate internacional que pode ajudar o homem, a humanidade atualmente.

Educação Física posso dizer que é uma união de pessoas e povos onde ocorre competição onde aparece educação.

Maneira ideal de proporcionar bem estar físico e também mental a um indivíduo. Através da Educação Física o indivíduo além de se tornar mais saudável fisicamente, está fazendo lazer, trazendo assim melhorias também a sua mente.

Para mim Educação Física significa educação,[7] que através da atividade física a pessoa possa ajudar-se no que diz respeito a corpo e psicologia (cabeça). A atividade física é um complemento do que temos diariamente.

Na minha opinião, Educação Física é a arte de se educar pelo movimento.

Educar o indivíduo fisicamente. Nem todos concordam, mas nosso corpo é o que temos de mais importante, é necessário educá-lo corretamente através de movimentos, exercícios adequados à cada ser humano.

É eu ter em mãos um grupo de pessoas ou pessoa e saber dosar de maneira científica e pausadamente essas pessoas seguindo uma estrutura técnica e tática de treinamento de acordo com a idade, sexo e composição biológica deste indivíduo.

---

7. Observação do aluno: "a Educação Física não é só movimento".

A Educação Física ela é um curso que nos ensina conhecer nosso corpo, a saber de nossas limitações físicas e também conhecer e praticar vários esportes.

Educação Física – É educação através do movimento onde o faz um melhor aproveitamento do seu corpo pois estará trabalhando todos os músculos obtendo maior Estimulo para levar o dia a dia.

É a educação dos gestos. É o aperfeiçoamento dos gestos naturais. É uma aplicação de movimento coordenados.

É o ato de educar não só fisicamente mas no seu total (educação do movimento) – afeta os fatores psicológicos, social, etc.

Educação Física na minha opinião seria a Educação dos movimentos para que se produza ou melhor se desenvolva exercícios corretos para que não se execute os movimentos errados.

A Educação Física não desempenha um papel exclusivo de educar o físico, como o nome sugere, mas sim de auxiliar a educação em todos os níveis preparando o aluno para a vida em sociedade.

Educação Física na minha opinião é uma maneira de poder Educar todas as partes do corpo ter um melhor entendimento através do movimento, melhorar todas as qualidades, desenvolver o sentido de competição, treinar para ter uma saúde melhor.

É um ramo profissional Esportivo que requer de seu educador qualidades e aptidões física, para que o mesmo tenha condição de assumi-la e transmiti-la com segurança ou clareza. Ou pelo menos não ser praticante da área esportiva mas saber transmitir seus fundamentos, diante dos seus alunos.

Não é só a educação dos movimentos ou a arte de educar os movimentos. Mas também educar – socialmente, mentalmente ou psicologicamente tentando fazer com que todas pessoas vivam bem ou se sintam bem fisicamente. É a arte de educar o Físico.

Eu acho que a Educação Física é uma disciplina onde o indivíduo tem a condição de praticar esportes corretamente, fazer ginástica e atletismo para um bom condicionamento físico e até um desenvolvimento da saúde.

Educação Física com o nome já diz é a educação do físico, há onde são formados pela Universidade educadores físicos, que irão transmitir aos seus futuros educandos tudo aquilo sobre todos os Esportes, modalidades, regras, etc. Nunca esquecer que és um "educador".

Educação Física é você como professor saber educar o físico de uma pessoa.

Educação Física é mais do que aquela imagem de um professor de Colégio. Ela não só tem a finalidade de que as pessoas façam esportes e sim que todas se conscientizem da necessidade da prática esportiva.

Educação Física é realmente uma forma de educar o físico, bem como educar o indivíduo em todos os aspectos psíquico, social, etc., por intermédio dos meios da Educação, e mesmo por intermédio do físico. Pois, nas aulas de Educação Física é que encontramos os indivíduos extravasando tudo que precisam, e por conseguinte também ajudando na sua saúde.

Educação Física em minha opinião é a Educação do movimento: o Prof. tem que saber educar o movimento dos alunos, pois o mesmo são leigos dentro da técnica aprendido e com boa didática.

Educação Física é um dos cursos mais importantes, pois ele nos mostra como podemos cuidar um pouco mais da nossa saúde, do nosso corpo e do nosso espírito, é um curso que abre a mente de todos e muito proveitoso para mim.

É a educação pelo movimento, pois o homem não é só educação por outros fatores mas o movimento; faz com que ele também se eduque nos aspectos sócio-biopsicológicos.

No meu entender, Educação Física é um ato de educar muito mais complexo do que imaginam os leigos, pois tem a propriedade de educar o intelecto do indivíduo, através do trabalho físico, recreativo e competitivo, propiciando-o melhores condições de participação na sociedade. Educar alguém através do físico é ensinar-lhe a conhecer-se, conhecimento este que lhe propiciará uma autoestima que será o complemento para solidificação dos seus valores físicos, psíquicos e sociais.

Na minha opinião a Educação Física é uma preparação de além do físico e da mente também do espírito, de jovens, velhos adultos e crianças que possam nos interessar, também é um meio de levar um pouco de bem estar e alegria à outros seres humanos.

É educar o físico visando saúde e bem estar.

Educação Física é educar pelo movimento, usar o corpo para adquirir, transmitir, uma educação melhor, e manter uma boa saúde física.

Educação Física para mim é fazer dela um trabalho consciente, proporcionando aos meus alunos todo tipo de atividade; para isso é preciso estar sempre atualizando meus conhecimentos, praticando, aprendendo e buscando cada vez mais minha realização pessoal. Para isso sei que tenho muitas barreiras ainda à enfrentar. "Mas querer é poder".

É fundamental para a construção do indivíduo, agindo sobre ele não apenas no aspecto físico, mas sim, servindo de base e de acabamento em seu todo.

Educação Física é educar através dos movimentos. Dá ao D um preparo físico. Auxilia o D no seu dia a dia.

Seria a educação através do movimento, desenvolvendo todas as qualidades físicas necessárias ao rendimento e a saúde do indivíduo.

É a educação geral através do movimento.

A nível educacional a Educação Física funciona como um meio para se atingir o fim último que é a educação integral (física, espiritual, social, mental, psicológica) do aluno. Deve ser usada de maneira a levar o aluno a desenvolver-se integralmente. Usá-la como meio da Educação. A nível de aprimoramento técnico, considero-a como uma maneira sistematizada de ministrar as mais variadas técnicas visando o mais perfeito aprimoramento físico, tático e técnico do atleta.

É a atividade que trabalha em prol da saúde dos indivíduos, ajudando-os não só esteticamente como também é um meio de lazer para crianças, adultos e idosos. Qual o ser humano hoje em dia que não pratica algum esporte, mesmo o Cooper que se tornou tão comum? Todo indivíduo necessita praticar algum esporte, para que esteja sempre em forma, sempre de bom humor, pois ela influência também psicologicamente.

Educar o corpo e a mente. Dar maior saúde ao físico e ao bem estar geral.

Educar o físico para qualquer atividade física.

É a boa maneira para sairmos do sedentarismo. Essencialmente vital para nossa saúde, dando nos bons hábitos a serem desenvolvidos. É de grande importância para aliviar as tensões do dia a dia e nos ajudando assim a prolongarmos ou envelhecermos mais difícil.

É o desenvolvimento físico, mental, psíquico e caráter de um indivíduo; e que os professores dão para um maior desenvolvimento do indivíduo.

Educar os movimentos, através do conhecimento adquirido, procurar corrigir os movimentos da melhor maneira possível, para evitar acidentes, e desvio de padrão da Educação Física, evitando p. ex.: lordose, cifose, etc. Assim sendo nada mais é de que ensinar e procurar com os seres humanos.

É a educação através do movimento, dando ao aluno ou melhor favorecendo-lhes fatores, não só fisiológicos, como também biológicos, psicológicos e morais.

Educar o físico (e a mente), não podemos nos restringir apenas a educar e desenvolver o indivíduo apenas fisicamente temos também que educar a mente desses alunos que nos chegam em pleno período de transição. Não existe só o corpo, temos também a cabeça, cérebro. Os movimentos não podem ser mecânicos, sem vida – há um motivo para fazer o que está fazendo, e eles devem saber o que estão fazendo e porque. O que o esporte pode fazer para ajudá-los a viver melhor e mais produtivamente.

Os autores dessas frases são, conjuntamente com a quase totalidade dos estudantes de nosso país, também vítimas de uma estrutura fossilizada e perversa de ensino que pouco se preocupa com uma verdadeira educação que crie condições para que o aluno se torne sujeito de sua própria história; ao contrário, o que faz é promover uma instrução que leva suas vítimas, na melhor das hipóteses, a uma produtividade alienante.

Mas, apesar de tudo, fiquemos ainda com a esperança externada por um desses alunos que, na simplicidade de suas palavras, não deixa de demonstrar uma certa frustração com aquilo que a escola lhe proporciona:

A Educação Física é um artifício não muito bem utilizado por todos nós professores, futuros professores e mesmo pais e demais pessoas. Apesar disso, acredito no valor da educação física como um meio muito bom de desenvolvimento físico e mental, que auxilia no desenvolvimento total do homem... Só que para auxiliar nós precisamos melhorar muito o nosso preparo. Espero que consigamos.

A educação física mente

Embora pesquisas restritas como a que acabamos de ver nos deem algumas pistas, temos de reconhecer serem elas insuficientes para projetar um perfil do profissional de educação física em todas as suas diferentes áreas de atuação e diante de todas as idiossincrasias existentes neste nosso vasto país. Entretanto, na ausência de pesquisas mais amplas, baseando-nos em textos de leis e decretos que regulamentam o setor, em artigos publicados em livros e revistas especializados, em pareceres dos vários especialistas de diversas regiões durante os cursos, encontros e congressos e, finalmente, naquilo que se observa nas atividades práticas, torna-se possível inferir o que os profissionais pretendem alcançar com seu trabalho e como surgem os equívocos em torno do sentido verdadeiramente educativo dessa disciplina.

Se, como vimos, definir a educação física parece ao estudante uma tarefa tão complicada, isso talvez seja um sinal de que os próprios professores e demais técnicos especializados também não tenham deixado muito clara a noção de seu significado. Nada é mais revelador da carência de reflexão e fundamentação nessa atividade profissional que tentar posicionar os papéis da educação física, ou seja, situar os seus propósitos.

Toda manifestação humana é movida por *valores* que determinam certos ideais, certas finalidades e certos objetivos. Evidentemente, esses valores são culturalmente moldados e modificam-se de acordo com as variáveis que o momento histórico lhes impõe. É nesse contexto que os objetivos da educação física têm variado em gênero e número através dos tempos. Na época do Império, por exemplo, nossa educação era nitidamente dividida em uma educação intelectual, outra moral e outra física, que correspondiam, respectivamente, às dimensões da mente, do espírito e do corpo. A educação física daquele tempo tinha como preocupação básica melhorar o nível de saúde e higiene da população escolar. Da mesma forma, considerar que a grande meta da educação física ainda hoje é a aquisição e a manutenção da saúde – por meio de preceitos de higiene que incluam algumas sessões semanais de ginástica – significa estar atrasado um século. As ciências progrediram, e não podemos desprezar esse progresso. Hoje, parte-se de um cabedal de conhecimentos muito maior que o de épocas passadas, e, portanto, as noções em torno dos mesmos fenômenos evoluíram consideravelmente. Tomemos como exemplo o termo *saúde*. O que as ciências revelavam como verdade sobre a saúde em 1882 não passa de superficialidade, ingenuidade ou mesmo equívoco um século depois. O próprio conceito da palavra evoluiu de uma ideia de "ausência de doença" para a de "um estado de completo bem-estar físico, mental e social" (cf. Neumann e Dalpiaz 1983, p. 100).

Esse aspecto da evolução do conhecimento, entretanto, não é o único a ser incluído em uma análise da situação da educação física modernamente.

A grande falha da escola como instituição oficial não está só naquilo que ela se propõe a ensinar, mas também na irresponsabilidade e no descompromisso com que os próprios estudantes aprendem efetivamente. Se verificarmos a gama de objetivos que são colocados oficialmente nos currículos, nas leis e nos decretos que regulam a educação e a educação física, nos livros didáticos, nos estatutos, nos programas de ensino, veremos que, na prática, muita coisa simplesmente não acontece. Há uma distância quilométrica que separa os objetivos estabelecidos para a educação física daquilo que realmente é assimilado pela maioria dos professores e, na sequência, pela quase totalidade dos estudantes. Por outro lado, não resta a menor dúvida de que existe uma enorme defasagem entre o discurso e a ação. Como foi citado na introdução, nem sempre estamos entendendo aquilo que estamos fazendo. Logo, as ciências podem ter progredido substancialmente, como de fato progrediram em vários setores, mas as nossas ações podem ainda estar apoiadas em – ou influenciadas por – proposições de décadas atrás ou, quando não, apoiadas em modernismos (ou pós-modernismos) que pouco acrescentam ao desenvolvimento integral do homem.

Retomemos mais uma vez o termo "saúde", tão utilizado como expressão ligada aos objetivos da educação física. Mesmo considerando o moderno conceito de "um estado de completo bem-estar físico, mental e social", esse seu sentido pode não estar contribuindo em nada para um ato educativo mais eficaz. Se *algo* não se processar na consciência do professor e do aluno, tal conceito continuará tão vago quanto qualquer outro de épocas anteriores. É preciso, antes de tudo, que se entenda *visceralmente* o que é esse estado de completo bem-estar físico, mental e social.

A preocupação fundamental da educação física seria apenas com um bem-estar físico? Se a resposta for negativa, qual é o exato significado de um bem-estar mental e social? Um estado de total bem-estar social é estar de pleno acordo com as regras que a sociedade nos estabelece?

Contestar uma sociedade doente como a nossa não seria por acaso uma atitude profundamente saudável? Se contrariarmos os valores vigentes não seremos tachados de desequilibrados, ou mesmo loucos, ou alienados? O que é, na verdade, ser alienado? São perguntas que devem ser respondidas criticamente por todos aqueles que estão à procura de um ato educativo autenticamente democrático, libertador e, portanto, humano.

Enquanto não se repensarem com mais clareza e profundidade as situações como as da vida estudantil brasileira, com todas as suas variáveis de caráter sociopolítico, econômico e cultural em que se processa o aprendizado com sentido educativo, sua pobreza estará seguramente garantida.

Não resta a menor dúvida de que a educação física estará sempre envolvida em lamentáveis equívocos enquanto não respeitar o momento histórico-evolutivo por que passam a sociedade e as pessoas que a compõem. Essa disciplina não pode continuar desprezando o atual conhecimento científico e não pode continuar pregando postulados que, porventura, tenham sido verdades outrora, mas que hoje não passam de estreitas visões do que sejam o homem e sua educação.

E não se trata de minimizar ou mesmo ridicularizar os personagens e pioneiros que, no passado, trabalharam e lutaram pela ginástica, pelo esporte ou pela educação física e, de forma mais ampla, por uma cultura física. Por exemplo, considerar que Per Henrik Ling possuía uma visão acentuadamente anatomista do movimento do homem não implica dizer que sua contribuição tenha sido pouco relevante para a evolução da educação física em todo o mundo ocidental. Esse mestre sueco foi de fato um dos decisivos precursores de uma educação física realmente científica, preocupada em ampliar as possibilidades da atividade física e educativa de sua época. De igual importância foi o papel do pedagogo inglês Thomas Arnold, ou do francês Pierre de Coubertin para o desenvolvimento do esporte como fenômeno educativo e cultural, apesar das críticas que podem ser feitas hoje às posições político-sociais de ambos à luz dos conhecimentos atuais. Do mesmo modo, temos de reconhecer e reverenciar a lucidez de um Ruy Barbosa, que, há cem anos, em tom profético para a época, já defendia a necessidade da atividade física para a formação mais plena do homem brasileiro.

> Que dúvida poderá subsistir de que a vida do cérebro e, conseguintemente, a da inteligência tenham como fatores essenciais a vida muscular, a vida nervosa e a vida sanguínea, isto é, a regularidade harmoniosa de todas as funções e a saúde geral de todos os órgãos do corpo? Quão deplorável não é que verdades desta comezinha singeleza sofram ainda contestação entre nós, e

por homens que figuram nas mais altas eminências do país. (Cf. Teixeira e Mazzei 1967, p. 134)

Cada época deve ser analisada da ótica da realidade que a circunscreve, e não faz sentido a aplicação de princípios antes prevalentes, mas que atualmente se mostram superados pelos novos conhecimentos estabelecidos. Nas ciências não existem verdades eternas. Tudo ocorre de maneira dinâmica, e é assim que a educação física deve evoluir, enriquecida constantemente por elementos mais significativos ao crescimento humano. Basta apenas que não nos percamos na extensão das particularidades, deixando escapar gradativamente a compreensão da totalidade em que os fenômenos acontecem.

Entendo que a educação física deve ocupar-se do corpo e de seus movimentos, voltando-se para a ampliação constante das possibilidades concretas dos seres humanos, ajudando-os, assim, na sua realização mais plena e autêntica. Claro que tal finalidade educativa se torna inviável se reduzirmos o corpo a uma de suas dimensões apenas. Como também será extremamente difícil alcançar esse propósito se separarmos os aspectos físico, mental, espiritual e emocional do homem e não os percebermos em sua unidade e totalidade. Acredito que somente de uma maneira integral o corpo poderá se constituir num objeto específico da educação física como uma ciência do movimento. Só entendo o corpo na posse de todas as suas dimensões. Diante de todas as suas potencialidades é que o profissional de educação física poderá realizar um trabalho efetivamente humanizante. Mesmo no caso do esporte de alta competição, em que os objetivos se voltam para o rendimento e o resultado, a vida mais plena do homem não pode, em hipótese alguma, ficar comprometida. Qual é o sentido de um esporte que se esqueceu de que existe para melhorar a qualidade de vida dos homens, e não para robotizá-los na busca obsessiva e indiscriminada do recorde ou do primeiro lugar, transformando-os, às vezes, em monstros humanos?

O profissional de educação física tem de estar sempre atento ao seu papel de agente renovador e transformador da comunidade onde ele, via de regra, se apresenta como um líder natural. As pessoas e os grupos sociais – dependendo da classe a que pertençam – apresentam características especiais de comportamento, interesses e aspirações que os determinam ou condicionam. A superação dos estágios mais baixos existentes não ocorre espontaneamente, conforme examinamos no Capítulo 1. As consciências precisam ser agitadas e estimuladas no sentido de uma ampliação de suas possibilidades. E isso a educação física não tem levado em consideração. Seu papel tem sido muito mais o de uma "domesticação", reforçando as consciências intransitivas e ingênuas, que de uma superação (libertação) das limitações e dos bloqueios com os quais estamos envolvidos em termos de pensamento, sentimento e movimento.

Enquanto as escolas de educação física não se convencerem de que, a par das informações técnicas dadas aos seus alunos, devem dar a eles subsídios que os ensinem a viver mais plenamente todas as suas dimensões intelectuais, sensoriais, afetivas, gestuais e expressivas, estarão sendo inautênticas, pobres e insignificantes no que diz respeito a promover vidas mais cheias de vida.

Enquanto os profissionais de educação física não abrirem os olhos procurando penetrar em sua realidade de forma concreta por meio da reflexão crítica e da ação, não serão capazes *de promover conscientemente o homem a níveis mais altos de vida, e contribuir, assim, com sua parcela para a realização da sociedade e das pessoas em busca de sua própria felicidade individual e coletiva.*

Toda ação que nos faça distanciar desses propósitos estará desservindo ao homem e diminuindo-o. Uma educação física preocupada exclusivamente com seus objetivos particulares e, consequentemente, desvinculada de suas finalidades mais gerais não pode atender às nossas necessidades mais caras. Uma educação física desse modo delineada intenta cuidar de um corpo isento de suas totais significações e, portanto, mente ao homem integral. Essa ação que a educação física vem desenvolvendo no plano educacional – entendido em toda a sua extensão – constitui-se, por assim dizer, numa verdadeira mentira.

E de repente, naquele simples aperto de mãos, na troca
recíproca de uma espécie de energia que fluía
naturalmente entre dois corpos humanos, percebi enfim o
que significava SER, que os dicionários de filosofia –
excessivamente preocupados com as palavras – e os falsos
filósofos – descompromissados com a vida – jamais
conseguiram me explicar com clareza.
Fixar-se apenas nos valores do SER, entretanto, pode ser
nada além do que uma inculcação a mais no sentido de
preservar a miséria e o desnível social existentes nos
países subdesenvolvidos. Eu só posso começar a SER na
medida em que também posso TER o suficiente para viver
– ou sobreviver – com dignidade humana.

João Paulo S. Medina

3
UMA NOVA PERSPECTIVA PARA A EDUCAÇÃO FÍSICA

Não apenas pensar, mas pensar: A relação teoria/prática

Se concordarmos que a diferença básica entre os seres humanos e os outros seres vivos conhecidos se prende às possibilidades de suas consciências, fica claro que toda atividade será mais ou menos humana na medida em que vincula ou desvincula a *ação* à *reflexão*. Só ao humano é permitida a percepção de si mesmo, dos outros, dos seus próprios atos, do mundo e de toda uma realidade que o caracteriza, ao mesmo tempo em que pode ser modificada artificial e intencionalmente por ele.

Apesar das modificações a que temos submetido a natureza, pelo progresso científico e tecnológico característico da era industrial e pós-industrial, têm sido poucos aqueles que conseguem ascender a uma consciência que supere o senso comum e mesmo a uma consciência filosófica idealista – ambos prevalentes entre nós –, passando a atuar mais plenamente como senhores de suas vidas e contribuindo para a formação de novos valores culturais. Pelo contrário, há os que até acreditam ser isso absolutamente impossível, afirmando que os nossos condicionamentos não podem ser alterados sem que haja antes uma mudança radical de fatores "alheios à nossa vontade". São justamente posturas como essa – reforçadas por uma ideologia que até certo ponto orienta nossas ações – que nos impedem de sair da superfície alienante e estagnada na qual conduzimos nossa existência. Assim, o homem é levado a acreditar em sua completa impotência no sentido de alterar significativamente o curso de sua própria história. São também essas consciências que dicotomizam de maneira estanque as relações entre *teoria* e *prática*. Não conseguem perceber a importância do processo de reflexão em comunhão com as nossas ações.

Delimitando nossa área de análise à realidade brasileira, podemos dizer que, no caso da educação física, ela tem sido incapaz de justificar a si mesma, quer como disciplina formal e predominantemente educativa, quer como atividade que auxilie alguns aspectos do desenvolvimento humano fora da escola e, em especial, no esporte de alta competição ou de rendimento. Isso se deve preponderantemente à falta de disposição crítica que tem caracterizado esse campo específico do conhecimento. Muito pouco se tem refletido – pelo menos de maneira séria e profunda – sobre o real significado de uma cultura do corpo que fundamente a educação física, propiciando, por parte de seus profissionais, uma atuação coletiva mais comprometida com um real estado de bem-estar físico, mental e social de toda a comunidade nacional, e não apenas da parcela privilegiada representante de uma minoria.

Evidentemente, a tarefa do nosso profissional de educação física em sua função básica como agente renovador e transformador da cultura subdesenvolvida em que vive só poderá se concretizar por intermédio de uma prática. Somente as nossas ações é que poderão efetivar mudanças numa determinada situação. Aliás, seja qual for a área de atuação, nada acontecerá de fato à realidade existente se não houver uma prática que a dinamize. Contudo, qualquer ação humana, sem uma teoria que lhe dê suporte, se torna uma atitude tão estéril (apenas imitativa) quanto uma teoria distante de uma prática que a sustente.

Mas para que serve à educação física nacional uma discussão dessa natureza? Acredito pessoalmente que ela seja ponto decisivo para a elaboração de uma metodologia que conduza, de uma forma mais ou menos lúcida e organizada, qualquer processo de alteração dos valores socioculturais vigentes para outros mais compatíveis com o desenvolvimento das potencialidades humanas. Claro, quanto mais as nossas consciências captarem a realidade, ou seja, descobrirem a verdade, tanto mais seremos capazes de modificar tal realidade. A superação de uma consciência comum, convertendo-a em uma consciência filosófica (Saviani 1982, p. 10) cada vez mais crítica e, portanto, apta à transformação, implica necessariamente perceber, implícita ou explicitamente, que as relações entre nossas ações e reflexões são fenômenos que se completam e que, embora possam ser consideradas de maneiras distintas, não se excluem. É no equilíbrio dessa *unidade fundamental* que o ser humano pode ascender a níveis superiores de consciência, permitindo alimentar não apenas seus poderes de imitação – característicos também dos animais em graus diferentes –, mas, essencialmente, tornando-o um ser capaz de fazer cultura, ou seja, capaz de *criar*; criar objetos, situações, valores. E é esse poder de criação, bem como a capacidade de questionar o seu valor, que se constitui na marca "registrada" da espécie humana.

Reforçando e completando essas ideias, parece-me oportuno citar alguns trechos do livro *O que é teoria*, de Otaviano Pereira, que nos esclarece, entre outras coisas, o significado da palavra *práxis* (conceito que no seu sentido moderno evoluiu justamente da compreensão dessa unidade existente na relação entre teoria e prática):

> (...) não podemos esquecer que esta relação implica uma fundamental dependência da teoria com referência à prática. Uma dependência de fundamentação, já que a elaboração da teoria não pode dar-se fora do horizonte da prática. Só a prática é fundamento da teoria ou seu pressuposto. Em que sentido? No sentido de que o homem não teoriza no vazio, fora da relação de transformação tanto da natureza do mundo (cultural/social) como, consequentemente, de si mesmo. E a teoria que não se enraíza neste pressuposto não é teoria porque permanece no horizonte da abstração, da conjetura, porque não ascendeu ao nível de ação. Por conseguinte, não permitiu ao homem avançar em direção à práxis. Práxis entendida como o coroamento da relação teoria/prática e como questão eminentemente humana. O animal absolutamente não pode ser o ser da práxis. (1982, p. 70)

E Otaviano continua em sua exposição:

(...) é no fazer que (o homem) se faz constantemente, e nesta relação entre fazer e fazer-se ele cresce e se "define" como homem. O que implica dizer: como ser da ação (da práxis), da cultura e do discurso (da teoria, da "meditação"), num dinamismo sem precedentes, numa definição aberta, "problemática", e não acabada. Aí acontece uma mútua dependência: se por um lado o homem só se faz à medida que faz (ação prática), por outro lado ela só faz (como ação consciente) à medida que se faz. É perigoso entendermos só o primeiro lado desta relação. Determinado concretamente pela ação prática, o homem, é agente e paciente do processo. Não há como os resultados de sua ação não recaírem sobre si mesmo. (*Ibidem*, p. 73)

E arremata dizendo:

Com isto, finalmente, fica-nos fácil definir a práxis. O que é práxis? Não sendo prática pura é a prática objetivada (individual e socialmente) pela teoria. É a prática aprofundada por esta "meditação" ou reflexão que não deve ser solta, mesmo na consciência da relativa autonomia da teoria, na capacidade do ato teórico em antecipar idealmente a prática como objetivo da mesma. A práxis, enfim, é a ação com sentido humano. É a ação projetada, refletida, consciente, transformadora do natural, do humano e do social. (*Ibidem*, p. 77)

Isso posto, voltemos à análise de nossa realidade subdesenvolvida. Conforme já tive a oportunidade de comentar no segundo capítulo, em virtude do aumento (quantitativo) indiscriminado de escolas de nível superior em nosso país a partir da segunda metade da década de 1960, sem maiores preocupações com os aspectos qualitativos de uma formação profissional mais humana do estudante brasileiro, encontramo-nos hoje numa situação bastante delicada no sentido de viabilizar um projeto de ensino que provoque sensíveis modificações educacionais e sociais a curto prazo.

Foi nesse cenário que a educação física cresceu nos últimos 25 anos. Hoje temos em todo o Brasil dezenas e dezenas de escolas superiores de educação física, em sua grande maioria despreparadas para formar profissionais competentes, incapazes de perceber claramente as finalidades de suas tarefas.

Seus currículos não se preocupam em fundamentar essa importante área do conhecimento humano, dando-lhe uma base teórica mais sólida. Mais que nunca, tem-se reforçado a ideia de ser ela uma disciplina exclusivamente prática, sem maiores necessidades de reflexões que questionem o valor de suas atividades para a formação integral da mulher e do homem brasileiros. Por outro lado, nossa educação física não conseguiu ainda desatrelar-se da *ginástica com espírito militarista* que norteia sua prática, daquela prática do "1, 2, 3, 4" mecânico, domesticador e autoritário. Embora essa relação com a caserna seja explicada historicamente, e sem querer menosprezar a importância da influência militar na institucionalização dessa disciplina, não só em nosso país, como em muitos outros, e mesmo sem deixar de reverenciar os militares que dedicaram parte de suas vidas à causa da educação física – a verdade é que atualmente, numa concepção moderna e revolucionária da educação, essa influência tem desempenhado um papel anestesiante, se considerarmos a meta libertadora de uma educação física voltada para as contradições e os desníveis econômicos e sociais num país de Terceiro Mundo.

O que tem sido preservado com muita eficiência é um determinado conjunto de atividades (conteúdo) que talvez atenda aos fins utilitaristas e funcionalistas de todo um sistema, mas que pouco ou nada tem contribuído para as finalidades de uma autêntica educação brasileira.

Ainda que seja incontestável um certo descaso da consciência comum pela reflexão ou pela formulação teórica, conforme afirma Vasquez (1977, p. 8), também parece que esse desprezo chega às vias da animalidade em alguns setores da atividade supostamente humana. Tal atitude baseia-se no fato de essas pessoas verem a atividade prática como um simples dado que não exige maiores explicações. "Não sentem necessidade de rasgar a cortina de preconceitos, hábitos mentais e lugares-comuns na qual projetam seus atos práticos" (*ibidem*).

Considerando essa situação, não é exagero concluir que estamos diante de uma educação física quase acéfala, divorciada que está de um referencial teórico que lhe dê suporte como atividade *essencialmente* – mas não *exclusivamente* – prática.

Desse prisma, torna-se fundamental que todos os envolvidos na causa da educação física nacional pensem e repensem constantemente suas bases filosóficas, buscando resgatar a essência do ato verdadeiramente humano, para que, de acordo com a nossa realidade, possamos encontrar novos caminhos, fatalmente diferentes daqueles trilhados até aqui.

Três concepções de educação física

Ao falar em renovação e transformação, algumas questões devem ser colocadas: Renovar o quê? Transformar o quê? Ou mais: Como renovar? Como transformar? Para que renovar? Para que transformar? Para quem renovar? Para quem transformar?

Circunscrevendo tais indagações à nossa área de concentração, perguntaríamos: O que deve ser renovado ou transformado na educação física? Como renová-la ou transformá-la? E para quê?

Sem dúvida alguma, essas são questões que, para serem respondidas adequadamente, necessitam de um embasamento crítico-filosófico. Entendendo-se filosofia como a reflexão radical, rigorosa e de conjunto sobre os problemas que a realidade nos apresenta (Saviani 1982, p. 24), poder-se-ia dizer que as questões apresentadas, para terem um cunho crítico-filosófico, requerem uma reflexão radical, rigorosa e de conjunto sobre os problemas que afetam a realidade da educação física. É justamente dessa consciência crítico-filosófica que a educação física está carecendo. E tanto maior será seu valor quanto mais se aproximar desse tipo de consciência. O certo é que a educação física não sairá de sua superficialidade enquanto não se posicionar criticamente em relação aos seus valores, ou, em outras palavras, não se questionar quanto à real importância de sua prática para as pessoas e para a comunidade a que serve.

E quando afirmo que a educação física não é capaz de justificar a si mesma, ou que não é capaz de encontrar sua própria identidade, isso na verdade quer dizer que seus profissionais não são capazes de justificá-la ou de dar uma identidade a ela (e, por consequência, não conseguem defini-la satisfatoriamente). Trocando em miúdos: quem faz a educação física são as pessoas nela envolvidas de uma forma ou de outra. Assim, as finalidades, os objetivos, os conteúdos, os métodos e o próprio conceito dessa disciplina são condicionados pelo grau de consciência individual e coletiva dos que trabalham nessa área da atividade humana. Portanto, de acordo com as diferentes visões de homem e de mundo que porventura possamos ter, diferentes serão as nossas concepções a seu respeito.

É também verdade que determinada concepção, por mais brilhante que possa parecer, não é suficiente para garantir uma atuação igualmente brilhante por parte dos defensores de tal concepção, se faltar autenticidade na concretização do processo. Um professor, por exemplo, precisa comprometer-se com sua visão educacional para poder desenvolver seu trabalho eficientemente e contribuir com o crescimento de seus alunos. Nesse sentido limitado, vale mais até aquele mestre tradicional que se utiliza de métodos considerados ultrapassados, mas vocacionado para sua missão que aquele que, embora usando técnicas modernas de ensino, não sabe ao certo o que está fazendo.

Este último, não se comprometendo com o que faz, não exala a energia necessária ao seu relacionamento com os alunos e demais pessoas que participam indiretamente do ato educativo. Por esse raciocínio, qualquer atividade pode perder ou ganhar em valor, dependendo da atitude que temos ou tomamos ao realizá-la. O conjunto de atitudes que tomamos caracteriza nossa postura. E essa postura só é válida quando implica "assumir compromissos" (e não apenas "assumir certos conceitos").

Uma análise criteriosa das variadas concepções da educação física deve envolver, evidentemente, o contexto histórico-cultural (sociopolítico-econômico) em que se inserem a *cultura do corpo* e a própria educação física. Tal análise também não pode deixar de levar em conta que os seres humanos, apesar de guardarem certas semelhanças fundamentais entre si, são muito diferentes uns dos outros. Nas palavras de Oswaldo Porchat Pereira (1981, p. 107), "eles são diferentes fisicamente, economicamente, culturalmente, moralmente". Podem ser mais ou menos fortes ou fracos, ricos ou pobres, exploradores ou explorados, ativos ou ociosos, cultos ou ignorantes, inteligentes ou medíocres, honestos ou perversos. Possuem valores comuns, mas possuem também valores que diferem de um para outro indivíduo, de um para outro grupo social. Assim é que podemos encontrar em nossa sociedade os mais variados pontos de vista, opiniões, crenças, doutrinas. Cada pessoa percebe o mundo, os outros e a si mesma à sua maneira e, embora condicionada e determinada pela cultura em que vive, age basicamente de acordo com sua consciência.

De outra parte, a experiência humana – principalmente a dos povos subdesenvolvidos – tem-se caracterizado exageradamente em favor do sofrimento, da violência, da exploração, da opressão e da repressão. Esses fatos têm provocado uma situação na qual se torna difícil o aparecimento de concepções (de educação física, de educação e da própria vida) mais autênticas, porque sempre envolvidas por ideologias cujos interesses estão, via de regra, em defesa de uma hegemonia, vale dizer, de uma minoria privilegiada, e em detrimento de uma considerável maioria submetida e com escassas opções existenciais.

Por essas constatações podemos concluir que a evolução da educação física não depende tão somente da evolução natural, objetiva e neutra que as ciências que lhe dão suporte alcançam com o passar do tempo. Essa me parece uma visão muito simplista do problema em questão, e que tem influenciado negativamente a educação e a educação física. Se fizermos um rápido retrospecto histórico da *cultura do corpo* através dos séculos, veremos que, *grosso modo*, ela foi enaltecida na Grécia Antiga, decaiu com a decadência do Império Romano, foi desprezada na Idade Média, ressurgiu no Renascimento e adquiriu contornos característicos a partir da Revolução Francesa e da Revolução Industrial, em face, entre outros aspectos, de um considerável desenvolvimento científico. A partir do século XIX, com a ascensão da burguesia, começou a ser cristalizada uma nova ordem social e sedimentada toda uma nova escala de valores que, calçada na ideologia burguesa, vem determinando e condicionando a cultura do corpo nesta nossa era tecnológica.

Mas, a par de todo o progresso científico (e pedagógico) que a cultura ocidental alcançou recentemente, não se pode afirmar em absoluto que nossa educação física seja hoje, na prática, superior à de décadas passadas. Igualmente não podemos assegurar que toda a evolução do conhecimento do homem tenha sido suficiente, por si só, para permitir que obtivéssemos benefícios diretamente proporcionais no que se refere à promoção humana. Ninguém pode afirmar que os professores de educação física da atualidade são melhores que os do passado simplesmente porque agora se sabe mais que antigamente. Mesmo em termos de rendimento ou competição, apesar do fantástico crescimento das chamadas ciências do esporte, contam-se nos dedos os especialistas efetivamente capazes de acompanhar todo esse desenvolvimento, colocando-o, de maneira adequada, a serviço de seus atletas. Embora as ciências tenham alcançado níveis nunca antes igualados em termos de rendimento ou desempenho, creio ser válido questionar se todo esse *progresso* tem contribuído de fato para o verdadeiro progresso humano, na medida em que ele está condicionado por elementos que o tornam manifestação alienante ou dirigida para o interesse de uma pequena "casta" social. O que se vê, hoje em dia, é que, na busca indiscriminada do recorde, do primeiro lugar, da vitória, às vezes ganhamos a competição e perdemos a vida (quando não ocorre de perdermos os dois), pois abafamos as manifestações mais sinceras de respeito aos nossos concorrentes, de amor pelas pessoas, de solidariedade entre os homens, de justiça social para todos, de crença no ser humano e de compromisso com a vida, em sua mais pura acepção.

Para perceber a distância entre o conhecimento "conhecido" atualmente e o conhecimento "praticado", basta comparar alguns dos objetivos gerais de nossa educação, transcritos nas leis que norteiam a política educacional brasileira, com aquilo que concretamente ocorre nas instituições ditas educacionais. Mesmo que o sistema às vezes não possa deixar de admitir certos princípios, o que se constata é que "na prática a teoria é outra", isto é, o discurso, muitas vezes, é diferente da ação. Tomemos como exemplo a Lei de Diretrizes e Bases (lei n. 4.024 de 20/12/61) que estabelece, entre outros, os seguintes Objetivos Gerais da Educação:

- respeito à dignidade e às liberdades fundamentais do homem;
- desenvolvimento integral da personalidade humana e a sua participação na obra do bem comum;
- condenação a qualquer tratamento desigual por motivo de convicção filosófica, política ou religiosa, bem como a quaisquer preconceitos de classe ou de raça (art. 1º).

O mesmo se pode dizer de nossa educação física em face do total descompromisso de certos documentos oficiais. O trecho extraído do documento elaborado pela Secretaria de Educação Física e Desportos do MEC – *Diretrizes Gerais para a Educação Física/Desportos, 1980/85*, em sua página 7 – é outro exemplo típico:

> No caso brasileiro é preciso realizar uma revolução nos espíritos e nos fatos, e, para isso, a primeira condição é criar, ou recriar, uma concepção sã e clara da Educação Física, do Desporto e do Esporte para Todos, baseada em conscientização honesta e atual e derivada de uma mudança de comportamento social e político.[1]

Não é preciso muita reflexão para perceber que o esforço para alcançar tais objetivos não se tem constituído em prioridade para a educação ou para a educação física brasileira. Na verdade, essa busca muitas vezes nem existe. Não há empenho sério, ou melhor, não há compromisso das instituições para que tais propósitos sejam de fato atingidos.

Com base nesse cenário e dessa ótica, pretendo apresentar sucintamente três concepções fundamentais da educação física. Na caracterização de cada umas delas, procurarei relacioná-las com os três níveis de consciência colocados pela teoria freiriana e citados no primeiro capítulo deste ensaio. Por se tratar de um estudo exploratório, estou ciente de suas limitações, principalmente porque, na prática, os fatos que dão origem às caracterizações são sempre dinâmicos. Concretamente, portanto, não há como separar, de forma mais nítida, uma concepção da outra. Entretanto, acredito que a tentativa seja válida no seu sentido pedagógico, uma vez que ela pode permitir uma melhor compreensão de nossa realidade

---

1. Cf. *Diretrizes Gerais para a Educação Física/Desporto, 1980/85*, MEC, p. 7. Nota: Em um documento anteriormente editado pelo Secretariado Geral da Fédération Internationale D'Éducation Physique, edição portuguesa, publicado em separata do *Bulletin Fiep*, vol. 41, n. 1-2, jan./jun. de 1971, p. 4, encontramos a seguinte citação: "Porque é preciso realizar uma verdadeira revolução nos espíritos e nos factos, contra poderes que são consideráveis (interesses políticos e econômicos, paixões locais e nacionais, modos e hábitos). Eis, no entanto, a verdadeira finalidade a atingir. A primeira condição de êxito é criar – ou recriar – uma concepção sã e clara da Educação Física, para finalmente desenvolver uma outra corrente social".

e, em particular, possibilitar que, em trabalhos futuros, se trace um perfil mais claro dos profissionais dessa área de atuação. É muito provável também que o intento de desvelar a realidade permita direcionar melhor um projeto de humanização autêntica da educação física, à luz dos conhecimentos mais recentes. Desse modo talvez se perceba que, por meio de uma participação coletiva, é possível superar certas contradições atuais de nossa sociedade, permitindo que um número cada vez maior de profissionais substitua sua visão vulgar de corpo, de homem e de mundo, e adquira uma consciência mais crítica, único caminho para que aquele projeto de humanização se efetive.

A educação física convencional

Essa primeira concepção está apoiada na visão do senso comum, aqui entendido como a visão mais corriqueira, mecânica, simplista e vulgar que se faz do ser humano e do mundo. Dessa maneira, ela recebe forte influência da tradição e, de certa forma, da pedagogia tradicional. Como essa pedagogia possui uma visão dualista ou pluralista do homem e tem como uma de suas características a produção de um "espírito" superior, erudito, culturalmente intelectualizado, tende a desvalorizar o corpo, ou considerá-lo num plano secundário, embora não o admita tão explicitamente. Por essa razão, quando trabalha o corpo, faz isso de maneira fragmentada e não o percebe além dos seus limites biológicos. Assim é que os profissionais portadores dessa concepção se sentem muitas vezes constrangidos ao assumir o papel de educadores, desvalorizando-se a si próprios e sendo desvalorizados pela comunidade na qual trabalham. Seu conceito básico é o de que a educação física se constitui numa "educação do físico". Claro está que uma tal educação é muito mais um adestramento que educação propriamente dita, no sentido apresentado no terceiro item do Capítulo 2. Sua preocupação fundamental é com o biológico, com os aspectos anatomofisiológicos. Preocupa-se com os aspectos físicos da saúde ou do rendimento motor do homem. Os adeptos dessa concepção definem a educação física simplesmente como *um conjunto de conhecimentos e atividades específicas que visam ao aprimoramento físico das pessoas*. Os aspectos psicológicos e sociais ocupam, nessa linha de pensamento, um papel periférico, secundário ou mesmo irrelevante. Há ainda os que argumentam que esses traços intelectuais, morais, espirituais e sociais devam ficar a cargo de outras instâncias da educação.

Historicamente, a educação física convencional consolidou-se por meio dos antigos métodos de ginástica (Ling, Herbert, Jahn, Demeny, Baden Powell e outros) e, secundariamente, por intermédio de algumas práticas desportivas (Kingsley, Arnold, Coubertin e outros), a partir da segunda metade do século XIX.

Certas doutrinas naturalistas, nacionalistas e outras de origem militar tiveram influência marcante nessa concepção. Esse fato ajuda a justificar algumas de suas características, inclusive a de não se respeitarem muito as diferenças individuais, já que comumente a orientação é a de que a mesma atividade seja realizada identicamente por todos.

O perfil apresentado permite-nos concluir que aqueles que ainda hoje, mesmo diante de toda a evolução alcançada pela ciência e pela pedagogia, continuam entendendo a educação física por meio dessa concepção convencional possuem um grau de percepção da realidade bastante baixo, ao qual poderemos chamar de *consciência intransitiva*, num sentido semelhante àquele dado pelo pedagogo Paulo Freire. Os profissionais portadores desse nível de consciência não são capazes de percepções além das que lhes são biologicamente vitais. Esses profissionais são totalmente envolvidos pelos seus contextos existenciais ou, em outras palavras, pelo meio em que vivem. São objetos, e não sujeitos de sua própria história.

A educação física modernizadora

Sem dúvida alguma, essa segunda concepção amplia o significado da educação física, distanciando-se daquela visão mais comum e vulgar estabelecida pela concepção convencional e, muitas vezes, opõe-se a ela. Uma diferença radical entre as duas concepções é que uma considera a educação física como a "educação do físico", ao passo que a outra a considera como uma "educação através do físico". Pelo ângulo da educação física modernizadora, a ginástica, o esporte, os jogos e a própria dança podem ser meios específicos da educação em seu sentido mais amplo.

Contudo, apesar das diferenças, ela igualmente possui uma visão dualista ou pluralista do homem. Considera que o ser humano é composto por substâncias essencialmente irredutíveis (corpo e mente ou espírito). Todavia, ainda que continue a dar uma prioridade ao mecanismo anatomofisiológico, não só na abordagem desportiva que leva ao adestramento, como também na abordagem educacional, essa concepção considera ser seu papel atender às necessidades psíquicas e/ou espirituais dos indivíduos. Além do biológico, preocupa-se com o psicológico. Entretanto, entende a educação mais no âmbito individual. As transformações devem ocorrer sempre nesse plano. No social, acredita que os indivíduos devam moldar-se às funções e às exigências que a sociedade lhes impõe. Não faz parte de suas preocupações atentar para os aspectos que interferem na transformação social. Dessa forma, fica patente o incentivo à preservação das relações sociais, deixando-se de perceber o significado da infraestrutura estabelecida na determinação do *modus vivendi* da comunidade. Qualquer conotação de alteração desse contexto por meio da concepção modernizadora é quase sempre ingênua. Na verdade, o que ela faz é promover uma falsa democracia, sustentando o privilégio dos que podem, mascarando as desigualdades entre os homens.

Essa concepção parece ser a prevalente entre as pessoas mais ligadas à área. Basta fazer uma análise da pesquisa sumariada no quinto item do Capítulo 2 para constatar a veracidade dessa afirmação. Quase todas as referências à saúde, por exemplo, se prendem ao biológico e ao psicológico. Os aspectos sociais, quando citados, geralmente o são no sentido de conservação mais ou menos estática diante dos valores vigentes. Pela concepção modernizadora, poderíamos dizer, então, que a *educação física é a disciplina que, por meio do movimento, cuida do corpo e da mente.* Numa definição mais elaborada, essa disciplina poderia ser entendida como a *área do conhecimento humano que, fundamentada pela interseção de diversas ciências e por meio de movimentos específicos, objetiva desenvolver o rendimento motor e a saúde dos indivíduos.* Retomando o conceito mais atual de saúde, que a interpreta como o "estado de completo bem-estar físico, mental e social", veremos que essa concepção da educação física privilegia o aspecto físico e, de certa forma, o mental.

Essa caracterização permite demonstrar que os profissionais de educação física portadores da concepção modernizadora possuem uma visão mais ampla que a do senso comum em relação não só ao processo educativo, como também à própria realidade de forma geral. Mesmo assim, não conseguem compreender a fundo as causas de seus problemas. Suas argumentações são frágeis e inconsistentes. Suas conclusões são simplistas e superficiais. Suas consciências pautam-se pela ingenuidade. São, portanto, portadores da *consciência transitiva ingênua*, conforme nos mostra Paulo Freire. Apesar de uma certa evolução no que se refere à concepção convencional, não se pode dizer que sejam donos de seu próprio processo histórico. Na verdade, como na outra, os adeptos dessa concepção, por possuírem uma consciência ingênua, são de certa maneira dominados pelo mundo.

A educação física revolucionária

É a concepção mais ampla de todas. Procura interpretar a realidade dinamicamente e em sua totalidade. Não considera nenhum fenômeno de modo isolado. O ser humano é entendido em todas as suas dimensões e no conjunto de suas relações com os outros e com o mundo. Está constantemente aberta para as contribuições das ciências, na medida em que o próprio conhecimento humano evolui. Procura primar sempre pela autenticidade e pela coerência, ainda que compreenda as dificuldades inerentes às contradições da sociedade.

O próprio corpo, por sua vez, é considerado em todas as suas manifestações e significações, e não apenas parte do homem, mas o próprio homem. Essa concepção pode teorizar sobre os aspectos biológicos, psicológicos e sociais, mas age fundamentalmente sobre o todo.

Por meio dela é possível entender a educação física como uma "educação de movimentos" e, ao mesmo tempo, uma "educação pelo movimento" (Parks 1980, p. 6). Basta, para isso, que tal "educação do movimento" não comprometa os nossos valores mais humanos. Assim compreendendo, o próprio esporte de alto nível pode ser tido como atividade de valor educativo. A educação física revolucionária pode ser definida como *a arte e a ciência do movimento humano que, por meio de atividades específicas, auxiliam no desenvolvimento integral dos seres humanos, renovando-os e transformando-os no sentido de sua autorrealização e em conformidade com a própria realização de uma sociedade justa e livre.* Os adeptos dessa ideia são, portanto, verdadeiros agentes de renovação e transformação da sociedade, pois, ao compreenderem os nossos determinismos e condicionamentos, são capazes de agir sobre eles. Consideram a unidade entre o pensamento e a ação. Vivendo numa sociedade repressiva, opressora e domesticadora, sabem que precisam lutar em defesa de uma educação que verdadeiramente vise à libertação. Entendem que, para tanto, não podem deixar de ser seres políticos. Enxergam os problemas de sua área à luz do seu contexto histórico-cultural (sociopolítico-econômico) mais amplo. Não pretendem, contudo, reduzir todo o processo existencial ao econômico ou ao político (Castoriadis s.d., p. 6).Veem tais aspectos como ponto de passagem para o crescimento humano.

Essas características evidenciam que só é possível conceber revolucionariamente a educação física por intermédio da chamada *consciência transitiva crítica*. Aquela capaz de transcender a superficialidade dos fenômenos, nutrindo-se do diálogo, e agindo pela práxis, em favor da transformação no seu sentido mais humano.

Uma nova perspectiva para a educação física

Ao longo deste texto creio ter levantado alguns pontos críticos (geradores de crise), decisivos para tomadas de posição por parte de todos os envolvidos com a causa da educação física e que começam a se preocupar com o desenvolvimento integral da mulher e do homem brasileiros. Há entre nós aqueles que alimentam a esperança de participar coletivamente e colaborar com a criação de uma cultura nacional, ou mesmo latino-americana, mais autêntica e significativa. Há aqueles, entretanto, que lamentavelmente parecem constituir maioria absoluta, que ainda não despertaram para essa necessidade, se é que pretendemos conquistar uma certa liberdade existencial e superar a condição de povo subdesenvolvido que somos.

O que deve ficar claro é que uma educação física mais genuína e significativa implica uma cultura do corpo e uma cultura popular igualmente mais genuínas e significativas, desimpedidas de condicionamentos que dificultem a realização de um projeto de vida mais humano e digno.

Um tal projeto (de libertação) só será possível, como já foi dito e segundo me parece, por meio de uma verdadeira *revolução*, capaz de mudar as consciências e buscar subsídios novos para a transformação de nossas ações práticas, que se utilize de uma metodologia questionadora, crítica e combativa. Não uma revolução concebida com base em abstrações, mas na própria prática que está situada em nossa realidade. É do elo entre *ação* e *reflexão* que os profissionais vão retirar os elementos que servirão de alavanca para a mudança dessa realidade para uma outra.

Foi por isso que afirmei, na introdução deste ensaio, que iria decepcionar todos aqueles que estivessem à cata de "propostas prontas" no sentido de trocarmos o errado pelo certo, o antiquado pelo moderno, o absurdo pelo coerente. Qualquer proposta pronta é sempre acrítica e constitui-se, desse ângulo, na própria negação de uma modificação radical e efetiva dos nossos posicionamentos. Sem um *comprometimento* que nos engaje coletivamente na luta revolucionária em prol das reais finalidades da educação, ou mais especificamente da educação física, qualquer proposta não passará de discurso vazio; simples blá-blá-blá que, quando muito, pode ser enriquecido com algumas frases de efeito e palavras bonitas que, concretamente, se diluem e se perdem na complexidade de nossa existência.

Tomemos um exemplo. Talvez se perguntássemos a um profissional de educação física o que significa essa disciplina, a mais bela e bem-construída resposta pudesse ser a mais pobre, se estivesse desprovida de sentido autêntico. Isso ocorrerá se esta se limitar a ser um simples conceito esvaziado de senso crítico por parte daquele que o emite, e, portanto, descompromissado do agir presente, passado e futuro desse profissional. Por outro lado, alguém que responda honestamente "não sei!" pode estar dando o primeiro passo para penetrar no real significado da educação física, pois estará reconhecendo a realidade de sua ignorância e abrindo espaço para sua superação. Essa atitude sincera de abertura para a verdade e de reconhecimento das nossas deficiências é decisiva para caminharmos em busca de nosso crescimento. Entretanto, diante da prevalência do comodismo, quebrar essas estruturas é missão quase impossível.

As mudanças radicais geralmente causam mal-estar. Todo processo de transformação exige certa dose de sacrifício. São as sensações de desconforto, angústia, frustração e dor que caracterizam os sintomas da crise. A crise instaura-se a partir da crítica que traz à tona toda a sua realidade escondida ou não percebida. E esse pode ser também seu lado positivo, aventado no primeiro capítulo deste ensaio, pois traz no bojo dessa experiência dolorosa a energia potencial que fornecerá a luz necessária para iluminar nosso caminho. Nesse ponto, é preciso saber *negociar* com a realidade. Não se mudam as estruturas simples e ingenuamente. Embora tenhamos de lutar sempre, às vezes, *esperar* também faz parte da luta. Entre a insatisfação e a frustração existe uma diferença sutil e decisiva. A primeira pode empurrar-nos para a frente; a outra pode paralisar-nos indefinidamente. Ao colocarmos em xeque nossos valores, propiciamos o clima indispensável para a aquisição de outros novos. Desse prisma, a crise é algo fundamental no processo de renovação e transformação. O desconforto, a angústia e a insatisfação são manifestações que podem alimentar os germes que conduzem à evolução da consciência individual (quando agimos individualmente) e coletiva (quando nos organizamos e agimos coletivamente). Só poderemos *crescer* à medida que aprendermos a superar todas as contradições em que estamos envolvidos constantemente em nossa cultura e, ao mesmo tempo, a conviver com elas. Se a situação alienante em que vivem nossa educação e nossa educação física ainda não foi percebida por muitos de seus profissionais, é sinal de que algo de bastante grave está ocorrendo. Muito mais grave e incontornável do que a própria crise que tanto assusta e desequilibra as pessoas. Parece existir uma cegueira generalizada em relação à realidade em que vivemos. Enquanto permanecermos insensíveis ao desvelar dessa realidade, enquanto estivermos com os olhos vendados, impedidos de perceber nossa situação no mundo, o verdadeiro compromisso de luta será impossível e a transformação autêntica também. Não haverá concepção alguma que possa nos ajudar.

Com o passar do tempo, as concepções surgem e estabelecem-se umas após as outras. O mesmo fenômeno não acontece, entretanto, no que se refere ao nível de consciência das pessoas. A educação física modernizadora não destruiu a educação física convencional nem foi destruída pela educação física revolucionária. Todas elas estão aí, influenciando diferentemente os profissionais que trabalham na área. É bem verdade que a concepção convencional, a do senso comum, está cada vez mais passando por um interrogatório severo por não estar atendendo às necessidades básicas humanas mais legítimas. No outro extremo, a concepção revolucionária, filosoficamente elaborada, começa a germinar ao sabor do surgimento, ainda esparso, de consciências pouco a pouco mais críticas. Tal fato é favorecido pelo abrandamento do autoritarismo castrador que caracterizou nosso sistema socioeducacional em décadas passadas.

Por esse quadro, podemos notar que uma educação física verdadeiramente revolucionária ainda está por se fazer. Ela apenas existe em estado potencial (em concepção) para aqueles que não se conformam com a triste e sombria perspectiva colocada diante de nós, caso não comecemos a questionar de maneira radical, rigorosa e global os atuais valores culturais que nos condicionam. Essa última concepção ainda não se caracterizou como um projeto organizado capaz de agir coletivamente, elevando o ser humano a melhores níveis existenciais pelo movimento.

Na evolução histórica pela qual vem passando a educação física, com transferência de ênfase do físico para o psicofísico e deste para o homem total, integral, existem diferenças que não se limitam a distinguir os diversos aspectos do ser humano. Trata-se, antes de tudo, de uma mudança radical no modo de existir das pessoas.

Os profissionais de educação física, quaisquer que sejam suas áreas de atuação, só se realizam na medida em que assumem plenamente seu papel como agentes de renovação e transformação. Procuram atingir seus objetivos específicos, mas, ao mesmo tempo, são capazes de auxiliar e abrir novas perspectivas para que cada um e todos sejam donos de seus destinos. Eles devem agir como sujeitos de sua própria história e não como peças de uma engrenagem, determinados a realizar funções específicas em face de uma educação domesticadora e autoritária que chega a anestesiar seus anseios de conquista da liberdade.

O fato de se assumir uma educação física preocupada com o *ser total* pode significar a passagem da alienação para a libertação. A educação física será subdesenvolvida enquanto estiver eminente ou exclusivamente voltada para o físico. Quando este passa a representar o fim último de suas tarefas, não se pensa em mais nada.

Mas o que dizer da área da educação física que trata do esporte de alta competição? Não seria, nesse caso, o desenvolvimento físico um fim em si mesmo? O que mais interessa não é o desempenho? O que importa não é que os músculos sejam mais fortes, mais rápidos, mais resistentes, mais elásticos e mais coordenados entre si para a realização dos movimentos mais precisos e eficientes? Atingida essa meta, não seria o resto supérfluo?

Creio que uma educação física centrada numa *antropologia*, numa verdadeira ciência humanizadora, precisa enxergar além, transcender o rendimento motor. Embora, no esporte, seus objetivos possam estar concentrados no saltar mais alto ou mais longe, no correr ou nadar mais rápido, no marcar mais gols ou mais pontos, o sentido humano dessas atividades deve ser preservado. A integridade humana não pode ficar comprometida. Os objetivos esportivos ou profissionais não devem seguir caminhos diferentes daqueles necessários para que o homem, como ser imperfeito, se aperfeiçoe como indivíduo e como ser social.

Vivendo uma realidade que supervaloriza a vitória, nossa tendência é a de não enxergar nada além. Para nós, a vitória (muitas vezes a qualquer preço) passa a ser sinônimo de sucesso na vida. E é exatamente o que ela representa numa sociedade neurótica como a nossa. Tal postura provoca inevitáveis distorções no nosso processo de desenvolvimento social, cultural e educacional. Não é dado ao homem o direito de falhar, de errar, de ser derrotado.

O movimento deveria, em qualquer circunstância, ser entendido como um modo para o homem e a mulher *serem mais*. E nem sempre ser mais é ganhar um título, bater um recorde, vencer uma competição. Muitas vezes, o que ocorre é que, para alcançar essas metas, se faz qualquer sacrifício, qualquer imoralidade, qualquer coisa... Para os que pensam e agem assim, não faz sentido afirmar que às vezes também crescemos com a falha, o erro e a derrota.

A motricidade humana traz consigo toda uma significação de nossa existência. Há uma extrema coerência entre o que somos, pensamos, acreditamos ou sentimos, e aquilo que expressamos por meio de pequenos gestos, atitudes, posturas ou movimentos mais amplos.

Como afirmei anteriormente, a educação física reclama por uma redefinição de seu quadro teórico, o qual deve surgir da reflexão de cada profissional atento e preocupado (compromissado) com sua responsabilidade social, e não imposto ou apreendido de maneira superficial, pouco contribuindo para uma prática efetivamente valiosa.

Nesse ponto, a escola de educação física poderia assumir um papel revolucionário. Não que ela em si possa transformar toda a sociedade, mas não deve ficar fora desse processo de transformação. Ela faz parte do sistema, mas pode contribuir para sua mudança. É até lugar privilegiado para que o processo de transformação se desencadeie (Lorieri 1981, p. 33).

O currículo de uma faculdade de educação física deveria servir como referencial básico para a formação do futuro profissional, incluindo as disciplinas fundamentais consideradas de forma dinâmica e flexível. Isso significaria um currículo aberto às constantes transformações e à evolução do conhecimento científico e pedagógico voltado para a arte e a ciência do movimento humano.

O que temos visto no interior das escolas de educação física, entretanto, não passa de uma caricatura científica e pedagógica. O próprio conhecimento do corpo – que ela promove em seus cursos por meio de seus currículos – é, na melhor das hipóteses, decepcionante. Além de não ser possível compreender com propriedade o corpo humano e o homem por meio de estudos exclusivamente setoriais ou isolados de anatomia, psicologia, biometria, fisiologia, sociologia etc., esses estudos, por sua vez, são comprovadamente mal-assimilados pelos estudantes, que não conseguem perceber muita relação entre essas ciências e sua futura atuação prática. Não se nota nesse tipo de ensino qualquer sentido de totalidade. É bem verdade que, mais tarde, o contato com a realidade profissional provoca retomadas de posições, recuperando e adaptando até certo ponto alguns princípios teóricos que fundamentam a prática. Mas, no geral, os estudos realizados revelam-se quase totalmente inúteis. Representam, em última análise, uma enorme perda de tempo. As disciplinas não se "identificam" com a educação física. Não abordam, mesmo que do seu ângulo, a problemática mais ampla do corpo. Muitas vezes, os professores de certas cadeiras importantes, como psicologia, sociologia e pedagogia, nem ao menos têm uma noção mais exata do que seja educação física para poder adaptar as disciplinas às necessidades de seus alunos. Não se preocupam em desenvolver com eles uma psicologia do movimento, uma sociologia do movimento ou uma pedagogia do movimento.

Contudo, não adianta colocar o currículo num pedestal. O que faz uma disciplina tornar-se significativa não é só o valor intrínseco do seu conteúdo, mas também a vibração que seus responsáveis colocam no desenrolar do processo de ensino, permitindo que os alunos aprendam a se comprometer.

A educação física, tal qual vem sendo realizada entre nós, tem-se caracterizado pela pobreza. Ela é reflexo de uma cultura igualmente pobre em suas manifestações. Portanto, a evolução de uma cultura do corpo que fundamente a educação física deve ser trabalhada em duas frentes:

1. no sentido de rever criticamente seus princípios e propostas como atividade preocupada com o verdadeiro desenvolvimento humano integral;

2. no sentido de democratizá-la, permitindo que todos (promotores e beneficiários) possam ter acesso mais fácil aos conhecimentos necessários e condizentes com esse desenvolvimento integral da mulher e do homem brasileiros por meio do movimento.

Não apenas sonhar, mas sonhar: A necessidade da utopia

Será possível realizarmos uma educação física nos moldes aqui propostos? Dito de outro modo: seremos capazes de sair de uma educação física convencional e modernizadora para uma revolucionária? Ou tal propósito não passa de um sonho, de uma utopia no significado mais comum e vulgar dessas palavras?

Uma concepção verdadeiramente revolucionária só pode ser concebida por categorias críticas de pensamento. Não é possível projetar essa nova perspectiva utilizando uma forma de raciocínio apoiada no senso comum prevalente em nossa sociedade. Essa constatação permite-nos concluir que uma mudança de concepção implica uma gradual mudança de percepção da nossa realidade, vale dizer, de uma gradual modificação de consciência. É preciso caminhar da consciência do senso comum em direção à conciência crítica (Saviani 1982, p. 10). E esse é um processo que não ocorre de maneira isolada e individual, ou seja, distante do mundo e dos outros. Adquirir uma visão ampla e profunda dos problemas de nossa realidade é uma tarefa coletiva, que se constrói fundamentalmente pelo diálogo e pela práxis, promovendo a solidariedade, a união e a organização necessárias ao crescimento humano (Fleuri 1978, pp. 10 e 30). Portanto, transformar nossa consciência significa transformar o sentido da nossa própria existência. Sem essa predisposição é impossível qualquer mudança radical.

Mas exploremos um pouco, neste final, o tema da utopia. Em seu sentido vulgar, ela é entendida como um sonho impossível. Algo irrealizável, fruto de nossa imaginação apenas. Uma simples projeção de imagens e ideias. Em princípio, seria algo que não está no aqui e agora. Nossa sociedade tem repelido a utopia. Dizem que o homem moderno não pode ser utópico. Sem dúvida que, se pensarmos exclusivamente pelo ângulo apresentado, estaremos fugindo da realidade, do presente, e seu valor pode ser questionado. Vejamos, porém, o outro lado da questão. Se vivemos numa realidade que não nos satisfaz, há necessidade de pensarmos numa nova. E essa nova perspectiva da realidade só pode começar com a utopia, como um sonho. Quando colocamos à nossa frente algo a ser perseguido, estamos diante de um projeto utópico. Aliás, todo projeto é sempre uma utopia, ou seja, é algo que ainda não existe. Quanto mais claro e elaborado for esse projeto, mais força reuniremos para direcionar nossas ações na consecução daquela meta.

Se concordarmos que o homem é um ser social incompleto, inacabado e imperfeito, perceberemos que ele só pode se realizar, individual e coletivamente, por meio de projetos utópicos que o levem na direção do completo, do acabado e do perfeito. E por acaso não será esse fenômeno a mola propulsora do nosso agir com sentido humanizante?

Igualmente um projeto pedagógico sério – base para uma nova educação física – tem de ser dinâmico e estar constantemente se renovando, constituindo-se numa eterna utopia que leve o homem a *ser* cada vez mais e melhor do que é.

Claro que sonhar apenas não é suficiente. É preciso agir. Mas agir em direção a alguma coisa. É preciso ter objetivos. É preciso, sobretudo, ter finalidades. Somente um projeto (utópico), levado às suas últimas consequências práticas, será capaz de mudar nosso destino. A esse respeito dou razão para Teixeira Coelho (1981, p. 8) quando comenta:

> (...) é a imaginação utópica, ponto de contato entre a vida e o sonho, sem o qual o sonho é uma droga narcotizante como outra qualquer e a vida, uma sequência de banalidades insípidas. É ela que, até hoje pelo menos, sempre esteve presente nas sociedades humanas, apresentando-se como elemento de impulso das invenções, das descobertas, mas, também, das revoluções. É ela que aponta para a pequena brecha por onde o sucesso pode surgir, é ela que mantém a crença numa outra vida. Explodindo os quadros minimizadores da rotina, dos hábitos circulares, é ela que, militando pelo otimismo, levanta a única hipótese capaz de nos manter vivos: mudar de vida.

Sabemos que qualquer tentativa de mudança radical, que pretenda mexer com as estruturas da sociedade, esbarrará sempre nas críticas e nos demais mecanismos que atuam em sua defesa. Tais tentativas serão quase sempre devidamente eliminadas ou amenizadas. Os canais por onde deveria fluir a energia das pessoas, necessária à procura de novos rumos, são apropriadamente obstruídos. E é por isso que muitos desistem ao longo do caminho. Tornam-se acomodados, alheios a muitos aspectos básicos à sua própria vida, perdem a esperança, entram em "estado de coma", morrem.

Lamentavelmente, a educação física tem vivido excessivamente ao sabor da moda. Ela tem sido prática condicionada a uma estrutura que a estrutura maior montou para ela. Seus profissionais não possuem um projeto autônomo para colocá-la a serviço da nossa coletividade e valorizar o corpo na totalidade de suas relações consigo mesmo, com os outros e com a natureza. Essa área da atividade humana vem descambando obsessivamente para o rendimento motor, da mesma maneira que nosso sistema capitalista descambou obsessivamente para o lucro.

Portanto, antes de um desafio profissional, estamos diante de um desafio existencial. Estaremos aptos a realizar as mudanças necessárias, dando uma nova dimensão à educação física?

A palavra está com aqueles que, ligados à área, ainda acreditam no ser humano. Com aqueles que ainda são capazes de ter *esperança*, apesar de tudo. A eles cabe o papel de assumir o movimento que redimensione as possibilidades da educação física. A eles cabe, enfim, desencadear a *revolução*, lutando em favor da autêntica humanização dessa disciplina. Mesmo porque parece não restar outra opção.

BIBLIOGRAFIA BÁSICA

ALVES, Rubem (1979). "Notas introdutórias sobre a linguagem". *Reflexão*, n. 13. Campinas: Instituto de Filosofia e Teologia-PUC, jan./abr.

_____ (1982). *Filosofia da ciência*. São Paulo: Brasiliense.

BERTHERAT, Thérèse (1981). *O corpo tem suas razões*. São Paulo: Martins Fontes.

BOLTANSKI, Luc (1979). *As classes sociais e o corpo*. Rio de Janeiro: Graal.

BRANDÃO, Carlos Rodrigues (1981). *O que é educação*. São Paulo: Brasiliense.

CAGIGAL, José Maria (1979). *Cultura intelectual y cultura física*. Buenos Aires: KalDelusz.

CASTORIADIS, Cornelius (s.d.). "As novas alternativas políticas". Folhetim, *Folha de S.Paulo*, p. 6.

COELHO, Teixeira (1981). *O que é utopia*. São Paulo: Brasiliense.

COSTA, Lamartine Pereira da (1971). *Diagnóstico de educação física/desportos no Brasil*. Rio de Janeiro: Fundação Nacional de Material Escolar/MEC.

CRITELLI, Dulce Mára (1978). "Educação e dominação cultural: Tentativa de reflexão ontológica". Dissertação de mestrado. São Paulo: PUC.

CUNHA, Luiz Antonio (1975). *Educação e desenvolvimento social no Brasil*. Rio de Janeiro: Francisco Alves.

EINSTEIN, Albert (1981). *Como vejo o mundo*. Rio de Janeiro: Nova Fronteira.

FLEURI, Reinaldo Matias (1978). "Consciência crítica e universidade". Dissertação de mestrado. São Paulo: PUC.

FREIRE, Paulo (1980). *Conscientização*. São Paulo: Moraes.

_____ (1981a). *Educação como prática da liberdade*. Rio de Janeiro: Paz e Terra.

_____ (1981b). *Educação e mudança*. Rio de Janeiro: Paz e Terra.

_____ (1981c). *Pedagogia do oprimido*. Rio de Janeiro: Paz e Terra.

FREITAG, Barbara (1980). *Escola, Estado e sociedade*. São Paulo: Moraes.

FROMM, Eric (1980). *Ter ou ser?*. Rio de Janeiro: Zahar.

GARCIA, Walter E. (1980). *Inovação educacional no Brasil*. São Paulo: Cortez.

HANNA, Thomas (1976). *Corpos em revolta*. Rio de Janeiro: Mundo Musical.

JASPERS, Karl (1973). *Filosofia da existência*. Rio de Janeiro: Imago.

LORIERI, Marcos Antonio (1981). "O papel da escola na construção do futuro". *Reflexão*, n. 20. Campinas: Instituto de Filosofia e Teologia-PUC.

LOWEN, Alexander (1982). *Bioenergética*. São Paulo: Summus.

MARCELLINO, Nelson Carvalho (1983). *Lazer e humanização*. Campinas: Papirus.

MARINHO, Inezil Penna (1980a). *História da educação física no Brasil*. São Paulo: Cia. Brasil.

_____ (1980b). *História geral da educação física*. São Paulo: Cia. Brasil.

MARTINS, José Salgado (1973). *Preparação à filosofia*. Porto Alegre: Globo.

MENDES, Fernando Nelson Correa (s.d.). *Conceito actual de educação física*. Lisboa: Editor Mario Cabral.

MERLEAU-PONTY, Maurice (1971). *Fenomenologia da percepção*. Rio de Janeiro: Editora Livraria Freitas Bastos.

MORAIS, Regis de (1983). *Entre a educação e a barbárie*. Campinas: Papirus.

NEUMANN, Laurício e DALPIAZ, Oswaldo (1983). *Realidade brasileira*. Petrópolis: Vozes.

NIDELCOFF, Maria Teresa (1982). *Uma escola para o povo*. São Paulo: Brasiliense.

NOSELLA, Maria de Lourdes Chagas Deiró (1981). *As belas mentiras*. São Paulo: Moraes.

OBERTEUFFER, Delbert e ULRICH, Celeste (1977). *Princípios da educação física*. São Paulo: Editora Pedagógica e Universitária.

PAPPENHEIN, Fritz (1967). *Alienação do homem moderno*. São Paulo: Brasiliense.

PARKS, Janet B. (1980). *Physical education*. St. Louis, Missouri: The C.V. Mosby Company.

PEREIRA, Otaviano (1982). *O que é teoria*. São Paulo: Brasiliense.

POLITZER, Georges; BESSE, Guy e CAVEING, Maurice (s.d.). *Princípios fundamentais de filosofia*. São Paulo: Hemus.

PRADO JR., Bento; PEREIRA, Oswaldo Porchat e FERRAZ JR., Tércio Sampaio (1981). *A filosofia e a visão comum do mundo*. São Paulo: Brasiliense.

REBOUL, Olivier (1980). *Filosofia de educação*. São Paulo: Cia. Editora Nacional.

REZENDE, Antonio Muniz de (1983). *Crise cultural e subdesenvolvimento brasileiro*. Campinas: Papirus.

ROHDEN, Humberto (1979). *Educação do homem integral*. São Paulo: Alvorada.

SAVIANI, Dermeval (1982). *Educação: Do senso comum à consciência filosófica*. São Paulo: Cortez.

SCHWEITZER, Albert (1959). *Decadência e regeneração da cultura*. São Paulo: Melhoramentos.

SÉRGIO, Manuel (1978). *A prática e a educação física*. Lisboa: Compendium.

SEURIN, Pierre (coord.) (1971). *Manifesto mundial de educação física*. Moçambique: Federação Internacional de Educação Física (Fiep).

SEYBOLD, Annemarie (1980). *Educação física: Princípios pedagógicos*. Rio de Janeiro: Ao Livro Técnico.

SOBRAL, Francisco (1980). *Introdução à educação física*. Lisboa: Livros Horizonte.

SPEETH, Kathleen Riordan (1981). *O trabalho de Gurdjieff*. São Paulo: Cultrix.

TEIXEIRA, Anísio (1967). *Pequena introdução à filosofia da educação*. São Paulo: Cia. Editora Nacional.

TEIXEIRA, Mauro Soares e MAZZEI, Júlio (1967). *Coleção C.E.R.*, vol. 1. São Paulo: Fulgor.

VÁSQUEZ, Adolfo Sánchez (1977). *Filosofia da práxis*. Rio de Janeiro: Paz e Terra.

WATTS, Alan W. (1961). *Psicoterapia oriental e ocidental*. Rio de Janeiro: Record.

ANEXOS

1
A EDUCAÇÃO FÍSICA BRASILEIRA E A CRISE
DA DÉCADA DE 1980: ENTRE A SOLIDEZ E A LIQUIDEZ*

Valter Bracht

A prática pedagógica em educação física

Tomo como ponto de partida e de referência para este ensaio a prática pedagógica dos professores de educação física, ou seja, a intervenção dos professores desta área nas escolas brasileiras.

E para fornecer elementos que ajudem na compreensão do quadro atual da educação física escolar é importante contextualizar o debate no processo histórico mais recente, evitando uma digressão muito longa. Para isso, farei uma releitura do movimento renovador da educação física da década de 1980 e de parte da década de 1990. Dessa forma, parece-nos bastante oportuna a publicação dessas reflexões nesta reedição do ensaio

---

* Este texto foi base para a conferência proferida no XV Congresso Brasileiro de Ciências do Esporte, realizado em Salvador (BA) de 20 a 25 de setembro de 2009, na mesa-redonda sobre o tema "Educação física: Prática pedagógica e formação profissional".

de João Paulo Subirá Medina, *A educação física cuida do corpo... e "mente"*, que foi um dos principais protagonistas daquele movimento.

Na minha interpretação, o quadro atual da prática pedagógica em educação física no Brasil é tributário, entre outras coisas (por exemplo: as políticas educacionais e esportivas, a conjuntura política e econômica etc.), do processo da crise que foi construída no início dos anos 1980.[1] Lembremos: essa crise foi gerada e deu origem ao chamado movimento renovador da educação física brasileira. Naquele momento, o que foi colocado em questão foi o sentido, a função educacional da educação física no sistema educacional brasileiro, concomitantemente ao questionamento radical da função social de tal sistema.

Generalizando (talvez excessivamente), a prática pedagógica em educação física estava presente, fundamentalmente, no segundo segmento (5ª a 8ª séries) do 1º grau (atual ensino fundamental) e no ensino de 2º grau (atual ensino médio), e menos presente no primeiro segmento do 1º grau (1ª a 4ª séries) – além do 3º grau, como prática esportiva.[2] O ensino da educação física no 1º grau (hoje ensino fundamental) estava fortemente influenciado pelo sistema esportivo; poderíamos dizer que o núcleo gerador de sentido e orientador da prática pedagógica em educação física naquele momento era o "fenômeno esportivo", embora os objetivos oficiais ainda insistissem no desenvolvimento da "aptidão física" – aptidão física essa que poderia ser obtida também e prioritariamente pela própria prática esportiva – esse era o espírito do decreto-lei 69.450/1971. Esse fenômeno ficou conhecido, ou melhor, denunciado, como a "esportivização da educação física".[3] Ele dominou também a formação desses professores, na medida em que se estabeleceu no imaginário social a vinculação entre educação física e esporte, tornando-os quase sinônimos, pois o papel da educação física na escola era ensinar os

---

1. Crise reclamada por Medina (1983) e que realmente se instalou no campo da educação física.

2. No caso do ensino superior, a educação física esteve presente no currículo dos diferentes cursos por força de lei e, a partir do final dos anos 1980 e início dos anos 1990, foi perdendo espaço até tornar-se prática optativa e, mais recentemente, não figurar mais no currículo dos cursos do ensino superior.

3. Fenômeno que não foi caracteristicamente brasileiro, mas, sim, em maior ou menor grau, internacional.

esportes, ou seja, a "cultura da educação física" passou a ser em larga medida a "cultura esportiva".

Convém salientar que essa análise vale para o segundo segmento do 1º grau (5ª a 8ª séries) e para o 2º grau. No âmbito mais específico do primeiro segmento do 1º grau (ensino fundamental) – no qual, como já dissemos, a educação física estava menos presente, pois nem todas as redes previam aulas com professores especialistas nesse nível de ensino –, aos poucos as atividades lúdicas ou as atividades recreativas que predominavam na educação física cederam lugar às "atividades psicomotoras".[4] O jogo pelo jogo passou a dar lugar ao jogo com o objetivo de desenvolver as valências psicomotoras. Alia-se a essa perspectiva, mas em parte também com ela rivaliza, a proposta de desenvolver a educação física nesse nível de ensino com base nos estudos do desenvolvimento motor. A partir dessa perspectiva, que ficou conhecida como Abordagem Desenvolvimentista, a educação física objetiva, fundamentalmente, desenvolver habilidades motoras básicas.[5] Esse segmento do movimento renovador tinha como mote mudar a prática pedagógica na educação física, fornecendo-lhe um fundamento científico sólido.

Mas, retomando o fenômeno da esportivização da educação física, ressalte-se que sua afirmação e sua hegemonia (diga-se de passagem, muito pouco contestadas inicialmente), tendo como núcleo gerador de sentido o esporte, foram possíveis pelo patrocínio oficial do Estado, via suas políticas públicas (principalmente o incentivo aos jogos escolares) que vincularam o esporte escolar ao sistema esportivo brasileiro. Esse apoio oficial e o apelo voltado ao valor simbólico do esporte deixaram pouco espaço para práticas divergentes. Este era um fato irrefutável: havia uma forte hegemonia, pouquíssimo contrariada. Outro fator que colaborou para sua rara contestação foi a até então pouca reflexividade do campo. No entanto, em tempos de crise política e cultural, emergem movimentos, inicialmente

---

4.   Na medida em que os professores de educação física reivindicam sua presença nesse segmento de ensino, eles criticam a "mera recreação" sob orientação das professoras regentes, e identificam uma função "mais nobre" para essa disciplina, tomando como base o que propõe a educação psicomotora. Nesse aspecto, o professor francês Jean Le Boulch teve uma influência marcante.

5.   A obra paradigmática dessa abordagem é a publicada por Tani *et al.* (1988).

marginais, que são contra-hegemônicos, como foi o movimento renovador da educação física na sua vertente chamada de crítica. Todo um contexto social, político e cultural do início dos anos 1980 tornou possível, também no campo da educação física (como no da educação, na esfera propriamente política etc.), a emergência de perspectivas contestadoras diante do ponto de vista hegemônico.

Dada a centralidade do esporte, particularmente de sua expressão hegemônica, o esporte de rendimento, foi este o alvo privilegiado das críticas do movimento contra-hegemônico (além da crítica à visão "mecanicista/ biológica", ou melhor, fisiológica do corpo que sustentava o "paradigma da aptidão física"). Instrumento teórico dessas críticas foi a emergente sociologia crítica do esporte (francesa e alemã, mas também portuguesa), combinada com as teorias críticas da educação, tão presentes no debate pedagógico brasileiro nos anos 1980.

Em relação ao predomínio do ensino do esporte e à sua crítica radical operada pelo segmento crítico do movimento renovador, gostaria de construir uma hipótese interpretativa. A cultura esportiva agia de forma tão potente como núcleo gerador de sentido da prática pedagógica que acabou por constituir-se também no núcleo central da "identidade docente" dos professores de educação física. Assim, a crítica radical à esportivização da educação física afetou e impactou fortemente uma parcela importante de professores da área que atuava nas redes de ensino (principalmente quando a perspectiva crítica de educação física começou a ser incorporada nas políticas e diretrizes das redes municipais e estaduais de ensino), desestruturando e abalando esse núcleo gerador de sentido, afetando também, portanto, no seu cerne, a identidade docente desses professores. Esse processo de desconstrução que levou longos anos produziu um hiato, representado simbolicamente na expressão cunhada por Fensterseifer e González (2007) como um estado entre o "não mais e o ainda não". Ou seja, não mais aquela prática pedagógica que se havia cristalizado, mas também ainda não uma prática renovada. Esse estado ou hiato expressou-se na reação de muitos professores que indagavam: "Se não é isso, então o que é que devemos fazer na educação física?". A crítica produziu um vazio de sentido, a ponto até de a teoria passar a ser percebida pelos professores como uma ameaça, o que pode ajudar a explicar o fenômeno do desinvestimento pedagógico.[6] Embora esse processo de desconstrução (e reconstrução) precise ser ainda mais bem estudado, gostaria de discutir algumas de suas consequências e/ou de seus desdobramentos:

No plano da formação de professores (não só de educação física), observou-se uma ênfase nos fundamentos teóricos da educação, um deslocamento da didática para a pedagogia, resultado, também, da crítica a uma didática denunciada como "tecnicista".

Esse deslocamento da didática para a pedagogia, simplificando, do "como fazer" para o "por que fazer", levou a uma situação muito criticada por segmentos educacionais conservadores que passaram a argumentar que os professores formados nessa perspectiva conhecem todas as teorias sociológicas e filosóficas da educação, mas não sabem dar aulas. Os colegas professores de educação física formados no currículo técnico-esportivo que recebiam os egressos formados no "novo currículo" faziam/fazem a avaliação de que estes são bons na teoria, mas ruins na prática.

Esse deslocamento ocorreu porque se entendeu que a formação dos professores precisaria ser mais sólida no aspecto científico: preocupar-se com uma formação acadêmica e intelectual e proporcionar uma formação crítica. Estavam representados assim os dois segmentos do movimento renovador: o que dava ênfase à cientificidade e o que ressaltava a necessidade de modificação de sentido e função social da educação física. Reforçaram-se, com isso, os conhecimentos ditos básicos (científicos), com uma ampliação também da presença das ciências sociais e humanas no currículo de formação inicial.

O que quero destacar aqui é que havia certo otimismo no segmento crítico do movimento renovador, que entendia que, com base nas disciplinas filosofia, sociologia e antropologia, seria possível formar professores críticos, em condições de operar transformações radicais na prática. A tarefa da desconstrução e o destaque dado a ao desenvolvimento de uma consciência crítica do professor eram tão grandes que a prática pedagógica

---

6. O termo desinvestimento pedagógico tem sido utilizado por nós para fazer referência àquelas práticas em que o professor apenas se faz presente nas aulas, mas não intervém de forma sistemática, orientado por uma intenção pedagógica explícita. Em termos mais jocosos e anedóticos, costuma-se chamar esses professores de "rola-bola".

concreta das escolas foi para um segundo plano, ficando como que em suspenso. Instalou-se uma divisão de trabalho nos cursos de formação, que determinou que as "práticas" continuassem sob a responsabilidade daqueles que não faziam a opção pelo trabalho acadêmico e que a teoria ficasse a cargo dos "críticos".

Uma das minhas hipóteses é a de que o "otimismo" do segmento crítico do movimento renovador estava baseado no fato de essa corrente pedagógica tratar as dimensões ética e política da educação como uma questão epistemológica. Ou seja, a tomada de consciência dos "reais interesses" e dos "reais determinantes" da educação (o desvelamento da realidade) desembocaria inevitavelmente numa assunção de posição a favor dos interesses (revolucionários) da maioria e numa prática pedagógica correspondente. Em última instância, a própria questão da democracia foi tratada como uma questão epistemológica (de conhecimento verdadeiro).

É bom lembrar que a teorização sobre a educação e a educação física predominante nos anos 1980 e em parte dos anos 1990 assumiu um caráter mais sociológico e histórico e esteve focada no plano macroestrutural, propiciando a construção de princípios para as teorias educacionais, ficando a prática educativa concreta num segundo plano ou sendo derivada de "análises sistêmicas".[7]

Mais recentemente, percebemos uma mudança de ênfase e uma guinada nas pesquisas educacionais. Entendo que o movimento crítico da educação ou de alguns de seus segmentos foi levado a uma revisão metateórica no tocante à teorização educacional em decorrência, também, da constatação de que a prática pedagógica (agora entendida como intrinsecamente política) resiste mais à mudança do que aquele "otimismo" inicialmente supunha. Isto é, fez-se a dura constatação de que, para mudar a prática pedagógica dos professores, não basta escrever diretrizes educacionais para uma rede de ensino dizendo que a prática pedagógica daquele momento em diante deve basear-se na "pedagogia histórico-crítica"; nem mesmo é suficiente promover debates para e com os professores

---

7. Aspecto já discutido por Caparroz (2005), em sua dissertação de mestrado, e identificado por Carr (1990) como uma das tendências predominantes na década de 1980 na teorização educacional internacional.

104 Papirus Editora

sobre essa "nova pedagogia". Os processos de transformação da prática, porque envolvem serem humanos, são muito mais difíceis e complexos.

Com base nessas constatações, o que observamos é, então, uma inflexão em direção ao cotidiano, ao sujeito da prática; o professor entendido como pessoa, que é também um profissional, e sua história de vida. Novos conceitos passam a povoar as reflexões e a teorização educacional: saberes docentes, epistemologia da prática; professor crítico-reflexivo; professor pesquisador; cotidiano e cultura escolar etc. As pesquisas reconhecem a necessidade de entrar na escola, de envolver-se *no* e *com o* cotidiano (há quem interprete esse movimento como sinalizador de um "recuo da teoria"). O recuo da teoria estaria presente no privilegiamento exacerbado da prática do professor, o qual gera um movimento circular que estaria abrindo mão de análises mais estruturais, prescindindo, assim, do recurso a teorias de maior alcance. Embora esse risco seja concreto, não me parece que exista uma relação direta entre o desenvolvimento dos conceitos indicados anteriormente e o "abandono" de teorias mais abrangentes.

A *formação profissional em educação física*

No plano da formação de professores, esse processo leva a uma ação no início dos anos 2000, que foi a elaboração de diretrizes curriculares para as licenciaturas que também alcançou a educação física e que é motivo de grande polêmica (talvez mais intensa na educação física que em outros campos ou disciplinas).

A diferenciação mais clara entre a formação para atuação no magistério e outras instâncias na educação física nos colocou diante de perigos, mas também de desafios e possibilidades. Uma possibilidade é a de formar melhores professores. Nesse sentido, o desafio é lograr formar professores de educação física com outra identidade docente; rever o que é ser professor de educação física.

Essa não é uma tarefa fácil porque, como nos mostra Axel Honneth (2003), a construção da identidade (pessoal e profissional) acontece com base em experiências de reconhecimento e não reconhecimento. Se no imaginário social se atrela a educação física ao esporte, ao *fitness*, o prestígio social dessas práticas medeia o reconhecimento. Construir a identidade docente com base na ideia de que o professor de educação física é um mediador crítico da cultura corporal de movimento vai ser balizado pelo reconhecimento social dessa tarefa. Com isso, estou procurando mostrar a dificuldade de construir uma identidade docente em educação física na contramão do imaginário social e num contexto diferenciado e plural como o nosso. Nesse sentido é que ouso afirmar, no âmbito do acirrado debate que se instalou na área, que a diferenciação entre "graduação" e "licenciatura" pode ser positiva.

Mas é preciso considerar que isso acontece num momento de grande expansão do ensino privado, o que coloca um elemento dificultador e complexificador adicional. Nessa situação, entretanto, é forçoso reconhecer um movimento de reação do Estado brasileiro, ainda tímido se levarmos em conta a dimensão do desafio, no sentido de retomar a "direção" da formação superior no Brasil.[8] Como já mencionei em outro momento (Bracht 2004), o futuro da formação em educação física (sua direção em termos educacionais e político-ideológicos) está fortemente atrelado à equação entre o público e o privado no plano do ensino superior no Brasil.

Outro aspecto influenciador é o divórcio entre a pós-graduação em educação física, a prática pedagógica e a formação de professores . A pós-graduação *stricto sensu* em educação física, quanto mais perto da Capes[9] e seus critérios de avaliação, mais se distancia do "chão da escola".

No plano da gestão pública da educação e educação física, a construção das diretrizes evitava, nas décadas de 1980 e 1990, "as receitas" e apelava para uma maior autonomia das escolas e dos professores, oferecendo apenas diretrizes gerais e não detalhando objetivos, conteúdos e procedimentos – também resultado da crítica à racionalidade técnica que se expressava no planejamento técnico de ensino de inspiração behaviorista ou comportamentalista, por um lado, e da crítica à falta de democracia nos processos de decisão a respeito das matérias de ensino e da gestão das

---

8. Para tratarmos mais profundamente desse assunto, teríamos de fazer uma discussão sobre as ações e as políticas do Estado brasileiro nos últimos anos, o que foge ao escopo do presente ensaio.

9. Coordenação de Aperfeiçoamento de Pessoal Docente, órgão do Ministério da Educação do Governo Federal.

escolas, por outro. Dizia-se que a construção de uma nova prática era uma tarefa coletiva. Portanto, ninguém sabia *a priori* como fazer.

No plano da prática pedagógica, depois de anos de domínio da "(mono)cultura do esporte" nas aulas de educação física, o movimento renovador crítico chamou a atenção para a amplitude das manifestações da cultura corporal de movimento e o papel fundamental da educação física no sentido de legar essa dimensão da cultura às novas gerações. No entanto, não se tratava de apenas superar a monocultura esportiva, mas também de alterar o sentido da prática pedagógica em educação física: sair da formação de um "indivíduo funcionalizado" e adaptado aos valores dominantes, para a formação de um indivíduo capaz de situar histórica, social, cultural e politicamente as práticas corporais das quais se apropriava nas aulas de educação física, ou seja, de promover a formação de cidadãos críticos e sujeitos construtores de cultura. É esse aspecto que vai caracterizar a ruptura com o "paradigma da aptidão física", com a perspectiva da promoção da saúde e a esportivista (ensino das destrezas esportivas que visa à preparação para o sistema esportivo). Fizemos a reivindicação de sair da condição de atividade para a de uma disciplina com conhecimento próprio a ser adquirido pelos alunos.

Não obstante esse "otimismo pedagógico", o que pudemos perceber na prática é que muito pouco das teorias críticas da educação física aparece concretizado na prática pedagógica dessa disciplina nas escolas.

O quadro é outro e alguns aspectos podem ser destacados:

- A mudança no âmbito das políticas públicas para a área e das ações dos responsáveis pelas redes de ensino (a ausência de uma educação física oficial), a qual delegou maior autonomia ou responsabilidade às escolas para fazerem suas opções pedagógicas (os famosos projetos político-pedagógicos ou PPPs), levou a uma situação que muitos avaliam como caótica: falta de unidade no conteúdo ou mesmo nos currículos de educação física nas diferentes redes de ensino e entre diferentes escolas (cada um faz o que quer), ausência de sistematização e de avaliação desse conteúdo etc.

- Como coadjuvante do que ocorre nas escolas e redes de ensino existe, no plano da formação, o sentimento de angústia e ansiedade por uma resposta cabal e definitiva a respeito da "verdadeira educação física" (ou seja, não existe mais *a* educação física, no singular).

- O crônico *deficit* de legitimidade pedagógica da educação física, com os professores lutando para obter respeito e reconhecimento para essa prática nas escolas.

- Uma constatação logo feita foi a de que os professores também não tinham condições (em virtude de sua formação) de eles próprios participarem mais ativamente da reclamada reconstrução. As teorias causavam-lhes impactos e eram vistas, inclusive, como uma ameaça.

Em relação e esse último aspecto comenta Gonzalez (2008, p. 4):

> Assim, essa ruptura com a tradição, do que venho denominando do "exercitar para", colocou à Educação Física, ou seja, aos seus protagonistas, a necessidade de reinventar o seu espaço na escola, agora com o caráter de uma disciplina escolar. Quer dizer, Educação Física na forma de um componente curricular, responsável por um conhecimento específico (inclusive conceitual) subordinado a funções sociais de uma escola republicana, comprometida com a formação do cidadão.
>
> No entanto, é bom ter clareza de que esse novo projeto não existe enquanto prática hegemônica, o que significa que essa nova responsabilidade autoatribuída deve passar pela invenção de novas práticas pedagógicas. Assim, na minha compreensão, a Educação Física se encontra "entre o não mais e o ainda não", entre uma prática docente na qual não se acredita mais, e outra que ainda se tem dificuldades de pensar e desenvolver.

A leitura que se faz da falta de "orientação" (sistematização) da educação física (anteriormente à crise, dominava na área a crença de que nós sabíamos o que tínhamos de fazer) e da dificuldade dos professores diretamente ligada ao processo de intervir na construção de uma nova prática, com base nas teorias de referência, tem levado a um recuo em relação à posição de apostar na autonomia desses professores e das escolas. Percebemos, nos últimos anos, a proliferação de iniciativas no sentido de oferecer às redes e aos professores diretrizes que não contenham apenas princípios gerais, mas, sim, propostas detalhadas de objetivos, conteúdos, metodologia de ensino e avaliação. Como exemplo, podemos citar os recentes documentos elaborados no âmbito das Secretarias Estaduais de Educação do Rio Grande do Sul, de São Paulo, de Minas Gerais e do Paraná, bem como uma série de livros, também recentes, que trazem esse ponto de vista em seu conteúdo. Já em países como Espanha e Argentina, a publicação de livros que apresentam programas completos de educação física para as escolas nos mais diferentes níveis – os chamados manuais – é uma tradição permanente, não interrompida como no Brasil.

A expectativa de uma proposta de metodologia de educação física com base nesse novo aspecto pode ser medida em termos práticos pelo sucesso editorial do primeiro livro, que buscou satisfazer, pelo menos em parte, essa necessidade no âmbito do que se chamou de "pedagogia crítica em educação física": *Metodologia do ensino de educação física*, lançado em 1992, assinado por um coletivo de autores e que, em 2009, após uma 15ª reimpressão, teve sua 2ª edição publicada (Castellani Filho *et al.* 2009).

Essa é uma questão de difícil equação: recuo ou auxílio e socorro aos professores imersos no cotidiano escolar? Parece-nos que apostar nos professores e nas escolas como agentes da elaboração de seus currículos de educação física é razoável e coerente com uma perspectiva que valoriza os professores como sujeitos de sua ação, que pretende que estes assumam a autoria de suas práticas. Para tanto, porém, as políticas e práticas de formação continuada precisariam mudar radicalmente, pois, na sua maioria, elas ainda trabalham com a ideia de que os professores precisam "receber" formação, normalmente oriunda de especialistas universitários. Além disso, as políticas educacionais precisariam considerar estudos e elaboração de planejamento como parte da ação docente. Como isso não se concretiza, parece que não resta alternativa voltada a provocar avanços senão a de fazer um esforço de sistematização e oferecer essas propostas detalhadas aos professores. Mais uma vez, bastante crucial para as apropriações que serão feitas dessas propostas será a forma pela qual elas serão levadas aos professores e integradas às suas práticas.

Observe-se que, depois de quase 20 anos do início do debate (que se caracterizou mais como um momento de desconstrução), talvez somente nos últimos anos, portanto, nesta primeira década do século XXI, tenhamos logrado acumular conhecimentos e experiências que nos permitam elaborar de maneira mais consistente essas propostas detalhadas (currículos para as redes de ensino – ensino fundamental e médio).[10] Chegamos a um ponto em que muitas experiências inovadoras já estão presentes na educação física brasileira. É preciso dar visibilidade a elas, às boas práticas existentes, como modo de potencializar novas. Mas alerto para o perigo de, mais uma vez, não engajar os professores como sujeitos da ação, como autores de suas próprias práticas. Não se trata de agora oferecer novas receitas aos professores, mas de construir estruturas colaborativas e de não deixá-los sozinhos, à mercê de um cotidiano cruel.

Por outro lado, em pleno movimento de construção de uma nova prática, este sofreu o impacto de uma nova crise ou crítica, agora aos fundamentos da pedagogia moderna (e, portanto, também aos fundamentos da pedagogia crítica).[11] Essa crise está ligada às mudanças societárias mais amplas, identificadas pelos conceitos de "globalização" e "pós-modernidade", além da desestruturação do real e existente socialismo, simbolizada pela queda do muro de Berlim.

Gostaria de tratar dessas mudanças e suas consequências para a prática pedagógica em educação física com base na metáfora cunhada por Bauman[12] para caracterizar o momento de transição que vivemos hoje: da "modernidade sólida" para a "modernidade líquida". Nos diferentes âmbitos da sociedade, Bauman (2001) vai identificar mudanças que podem ser caracterizadas por meio das metáforas da solidez e da liquidez. No plano da economia, por exemplo, o capital de certa forma ligado a um local deu lugar ao capital que circula pelo mundo sem radicação territorial – as grandes

---

10. Talvez tivéssemos encurtado esse tempo se a pós-graduação *stricto sensu* em educação física tivesse assumido outro caráter.
11. Maiores detalhes sobre esse tema podem ser encontrados em Bracht e Almeida (2006).
12. Zygmunt Bauman (1925-), sociólogo e pensador polonês radicado na Inglaterra, autor de várias obras sobre globalização e pós-modernidade e proponente de conceitos como o de modernidade sólida e modernidade líquida.

fábricas, fixadas num determinado local, deram lugar a pequenas e ágeis empresas que perambulam pelo mundo; no plano do comportamento, passamos de uma sociedade que integrava seus membros preferencialmente como produtores para uma sociedade que os entende basicamente como consumidores; no plano do pensamento, a noção de verdade é substituída pela ideia de construção ou de diferentes narrativas não hierarquizáveis, ou seja, a modernidade líquida é a hospedeira de um relativismo reativo a qualquer discurso definitivo e que não seja ele próprio histórico (embora essa noção conviva ainda em larga escala com a velha crença na capacidade de intervenção racional e reguladora da ciência transformada em tecnologia, o que configura a ambiguidade de que tanto fala Bauman).

Da educação física sólida em direção a uma educação física líquida

Nas últimas décadas, em virtude dessas mudanças societárias, o pressuposto de uma (única) educação física, orientada racional e cientificamente, perde força, assim como a ideia de que haveria um sentido maior e legítimo para as práticas corporais em nossa sociedade, assumido e patrocinado pelo Estado (presente, por exemplo, nos documentos oficiais de políticas públicas para a educação física e o esporte).

O que vemos é a perda da hegemonia de um sentido legítimo para as práticas corporais – fortemente vinculado à ética do trabalho. No caso do esporte, configurou-se o esporte virtuoso (Lipovetsky 1994), que era a base, por exemplo, do projeto pedagógico olímpico. Mas enfraquece também a própria legitimidade de qualquer projeto de hegemonia que se autoproclame o único verdadeiro, em favor de uma pluralização de sentidos.

Se, na educação física sólida, o corpo como natureza tem seu sentido marcado pelas leis da natureza (aspecto que possui forte poder normativo – já que seria um imperativo da natureza!), na modernidade líquida o corpo é entendido como construção simbólica, portanto aberto à história; temos, então, uma proliferação e uma diversificação de sentidos e práticas corporais intensamente orientadas no mercado, como vou argumentar à frente.

Em relação ao corpo, podemos perceber deslocamentos como: do ascetismo para o hedonismo, ou então uma melhor convivência entre os dois; do corpo produtivo para o corpo consumidor; do corpo dócil para o corpo flexível (Veiga-Neto 2008). Pensemos também nas práticas corporais ligadas ao turismo, aos SPAs, à estetização tanto no sentido morfológico como no das experiências/sensações estéticas. Sensações que nunca podem ser plenamente satisfeitas, que levam a uma busca incessante e infindável por sempre novas sensações (cultura do efêmero). O corpo deixa de ser visto apenas como alvo do controle ascético para ser fonte de prazer e não mais somente meio de alcançar fins mais nobres, ganhando as sensações corporais o *status* de finalidade e sentido do viver. Em suma, a cultura da modernidade líquida confere ao corpo um novo *status* social e ontológico, portanto, um novo papel na construção das subjetividades ou identidades. Isso implica admitirmos a necessidade de uma ressignificação da corporeidade humana.

Com essa pulverização de sentidos, há uma individualização e "privatização"[13] das práticas corporais (não confundir com aumento da autonomia dos sujeitos). Isso é acompanhado do recuo do Estado, tanto como provedor das condições para as práticas corporais, como patrocinador de sentidos para essas práticas – essa tarefa é delegada ao mercado. Há uma responsabilização crescente do indivíduo pela sua sorte, por exemplo, para construir uma vida saudável – com o auxílio dos exercícios físicos. O risco e a incerteza devem ser domados pelo próprio indivíduo.

Mais uma vez, isso não significa necessariamente maior autonomia do sujeito, mas talvez apenas a passagem para uma nova forma de controle (da repressão para a estimulação).

No âmbito das práticas corporais (da cultura corporal de movimento), vários agentes concorrem na construção de sentidos os quais, em muitos casos, são movidos e guiados por regras e interesses de mercado. Entre eles se destacam a indústria esportiva (incluída a indústria da comunicação), a poderosa indústria do *fitness*, a indústria do turismo e a indústria dos

---

13. Privatização, nesse caso, assume uma dupla conotação: por um lado, indica o deslocamento da decisão pela prática e por promover as condições para essa prática para o plano privado (recuo do Estado) e, por outro, indica um processo crescente de oferta de práticas como serviço prestado pela iniciativa privada com finalidade lucrativa.

cuidados do corpo (cosméticos, *spas* etc.). Tais agentes criam significados para as práticas corporais, mas não lutam pela hegemonia (no sentido político como o Estado o faria ou fez na modernidade sólida), brigando, isso sim, por fatias do mercado, dinâmico e em constante movimento, como sabemos.

Claro, ainda temos como agentes sociais conferidores e patrocinadores de "novos" sentidos para as práticas corporais grupos informais e/ou marginais que tendem a ser incorporados por aquelas indústrias. Além disso, entre estes podemos ainda encontrar o próprio Estado, sem, no entanto, o poder que o caracterizava no projeto da modernidade sólida. Ele intervém no campo das práticas corporais também "patrocinando" sentidos. Um dos mais tradicionais e legitimados é o sentido da saúde, mantido pelo fomento de programas de atividade física ou mesmo pelo patrocínio do esporte em nome da saúde. Ganha destaque também a intervenção do Estado em projetos sociais que visam conter a marginalidade, a marginalização e o combate às drogas. Mas também o Estado, com seu recuo, está cada vez mais sujeito às regras do mercado. O caso em que isso é mais flagrante é o do fenômeno esportivo. Como exemplo, podemos citar o patrocínio do Estado à realização de megaeventos, nos quais o motivo mobilizador e legitimador da intervenção é basicamente o econômico, ou seja, os megaeventos são vistos como uma grande possibilidade de estímulo da economia em diferentes setores.

O Estado brasileiro, particularmente em sua esfera federal, nos dois governos de Luiz Inácio Lula da Silva, mantém uma postura ambígua na esfera das políticas públicas para a educação física e o esporte. Na verdade, praticamente não se manifesta em relação à educação física (sob responsabilidade teoricamente do MEC) e desenvolve políticas públicas por intermédio do Ministério do Esporte no âmbito do chamado esporte escolar. Assim, deixa de existir uma educação física "oficial" (afora os Parâmetros Curriculares Nacionais, os PCNs, e as Diretrizes para o Ensino Médio) que defina objetivos, conteúdos e métodos, o que permite e exige que os sistemas estaduais e municipais construam suas próprias diretrizes ou mesmo que isso aconteça apenas no plano dos projetos político-pedagógicos (PPPs) das escolas. Esse quadro "aberto" permite e sugere uma maior pluralidade de concepções de educação física no campo dos sistemas estaduais e municipais de ensino, bem como de escolas, embora as políticas públicas do Ministério do Esporte exerçam pressão por meio da destinação de recursos públicos, numa determinada direção – conferindo um sentido para essas práticas.

De qualquer forma, também no que diz respeito às práticas corporais, os cidadãos são instados a participar mais como consumidores que como produtores (culturais). A circulação entre as diferentes práticas e os diferentes sentidos é estimulada pela "cultura do efêmero" – o indivíduo é incitado a ser "um colecionador de emoções" (Bauman). Longe do modelo "pedagógico" da modernidade sólida, temos hoje no âmbito das práticas corporais um "supermercado" de opções.

Para a educação física entendida como uma prática de intervenção com intenção pedagógica, esse quadro é repleto de consequências e coloca novos desafios para a prática pedagógica, para a formação profissional e, consequentemente, para o currículo.

Diante desse novo cenário, destaco dentre eles alguns dos principais desafios:

- A luta maior deve ser por uma educação pública de qualidade, que leve a uma dignidade e à valorização do "ser professor" no Brasil.
- Na formação inicial em educação física, deve ser dada ênfase à construção e à disseminação/afirmação social de uma "nova identidade docente", que contemple uma maior e mais efetiva articulação da formação inicial e continuada com a experiência, com o cotidiano escolar.
- É necessário lutar para que a formação continuada seja entendida pelos gestores educacionais como parte da ação docente, o que poderia ser considerado uma conquista política dos professores; é preciso superar modelos tradicionais e rumar em direção à noção de professor pesquisador e/ou crítico-reflexivo; é fundamental promover uma aproximação entre a pós-graduação (da academia) da área e a intervenção — o mestrado profissional pode ser uma alternativa a ser pensada e testada.
- Uma vez elaboradas e sistematizadas novas propostas curriculares de educação física para as redes (muitas dessas de uma perspectiva inovadora e crítica), é preciso trabalhar para que os

professores possam delas se apropriar com autonomia a fim de serem efetivamente os autores dessa prática.

Mas a questão de fundo será sem dúvida o desafio da pluralidade. Como a educação física deve relacionar-se com a pluralidade de sentidos, de propostas etc.? Como lidar no interior do campo com essa pluralidade? Deve ser ela uma agência patrocinadora de um "verdadeiro" sentido para as práticas corporais? Qual conduta não fere os princípios de uma sociedade plural e democrática?

Parece-me que, superada a crença na existência de um fundamento último e sólido, resta para a educação física ser uma mediadora de práticas e sentidos, ou seja, passar de legisladora a intérprete.

Sempre ressaltei a importância de buscar as relações entre o histórico e o epistemológico. Nesse sentido, parece-me justificado suspeitar que o atual relativismo (uma das possíveis interpretações do pregado pluralismo) seja legitimador da ordem estabelecida. Mas é importante não ignorar nem pretender eliminar a ambiguidade; assim, também parece justificado interpretar o mesmo relativismo como uma atitude preventiva diante dos autoritarismos de direita e de esquerda, ou seja, como uma postura (epistemológica e política) que nos leva a radicalizar a democracia. Como argumentam Fensterseifer e González (2007, p. 30),

(...) numa sociedade autônoma, democrática, as concepções de mundo, de ser humano, de sociedade estão sempre em discussão no plano político, não há deliberação definitiva ("concepção verdadeira") a ser ensinada aos neófitos. (...) Transformar questões políticas em dogmas a serem ensinados constitui o caldo de cultura dos totalitarismos.

Assumimos, então, a ideia de que melhor do que a segurança da certeza (de uma pseudouniversal, única e verdadeira educação física) são a autonomia e a autoridade para criar novas "educações físicas", coerentes com seus contextos específicos (lembrando com Bauman que autonomia não rima com certeza). Isso não significa abandonar a necessidade de indicar e fundamentar, com argumentos, as concepções de educação, homem e sociedade presentes nas propostas e práticas, mas de fazê-lo com base em princípios democráticos, ou seja, assumir o pressuposto de sua historicidade (talvez o único universal a ser admitido) e, portanto, de sua abertura à discussão.

Vivam as "educações físicas"!

Referências bibliográficas

BAUMAN, Z. (2001). *Modernidade líquida*. Rio de Janeiro: Zahar.

BETTI, M. (2005). "Sobre teoria e prática: Manifesto pela redescoberta da educação física", Revista eletrônica *EF&Deportes*, n. 91. Disponível em http:// www.efdeportes.com, acesso em 20/4/2007.

BRACHT, V. (2004). "Esporte, educação física e sociedade: Quais as perspectivas, a partir das ações sociais e políticas, da formação profissional em educação física no Brasil?". *In*: KUNZ, E. e HILDEBRANDT-STRAMANN, R. (orgs.). *Intercâmbios científicos internacionais em educação física e esportes*. Ijuí: Unijuí, pp. 44-59.

BRACHT, V. e ALMEIDA, F.Q. de (2006). *Emancipação e diferença na educação: Uma leitura com Bauman*. Campinas: Autores Associados.

CAPARROZ, F.E. (2005). *Entre a educação física na escola e a educação da escola*. 2ª ed. Campinas: Autores Associados.

CARR, W. (1990). *Hacia una ciencia critica de la educación*. Barcelona: Laertes.

CASTELLANI FILHO, L. *et al.* (2009). *Metodologia do ensino de educação física*. 2ª ed. São Paulo: Cortez.

FENSTERSEIFER, P.E. e GONZÁLEZ, F.J. (2007). "Educação física escolar: A difícil e incontornável relação teoria e prática". *Motrivivência*, n. 28, ano XIX, jul., pp. 27-37.

GONZÁLEZ, F. (2008). "Comunicação feita no Seminário Internacional sobre inovação e abandono pedagógico". Vitória. (Mimeo.)

HONNETH, A. (2003). *Luta por reconhecimento: A gramática moral dos conflitos sociais*. São Paulo: Ed. 34.

LIPOVETSKY, G. (1994). *O crepúsculo do dever: A ética indolor dos novos tempos democráticos*. Lisboa: Dom Quixote.

MEDINA J.P.S. (1983). *A educação física cuida do corpo... e "mente"*. Campinas: Papirus.

TANI, G. *et al.* (1988). *Educação física escolar: Fundamentos de uma abordagem desenvolvimentista*. São Paulo: EPU, Edusp.

VEIGA-NETO, A. (2008). "Crise da modernidade e inovações curriculares: Da disciplina para o controle". *Sísifo, Revista de Ciências da Educação*, n. 7, set./dez., pp. 141-149.

2
INTRODUÇÃO À CIÊNCIA DA MOTRICIDADE HUMANA

*Rogério dos Anjos**

Da educação física à ciência da motricidade humana

No livro *Para uma nova dimensão do desporto* (Vieira e Cunha 1974, p. 52), que mais não é que uma súmula de artigos, publicados na imprensa, antes de 25 de abril de 1974,[1] escrevia Manuel Sérgio[2] uma reflexão filosófica intitulada "Educação física: Ciência do movimento humano – Ciência do homem em movimento" (p. 273). Esse registro pode ser considerado a gênese da ciência da motricidade humana (CMH).

Doze anos depois (1986), esse filósofo do esporte seria mais explícito, na sua inovadora tese de doutoramento: há necessidade de um "corte

---

* O autor dedica este ensaio ao professor doutor Manuel Sérgio, um dos maiores pensadores da educação física.
1. 25 de abril de 1974 ou Revolução dos Cravos: nome que é dado ao dia que foi derrubado o governo ditatorial de Oliveira Salazar em Portugal.
2. Manuel Sérgio Vieira e Cunha é o filósofo que conceituou a ciência da motricidade humana.

epistemológico"[3] que anuncie a passagem da educação física (como "macroconceito")[4] à ciência da motricidade humana. E dava para a motricidade humana a seguinte definição: "É a energia para o movimento intencional da superação ou transcendência".[5]

Baseado nesse novo entendimento, vislumbrava no âmbito da educação física um objeto de estudo, considerando esta uma nova ciência humana no movimento intencional típico do esporte (o formal e o de lazer), do jogo desportivo, do circo, da dança, da ergonomia, da reabilitação motora.

Na década de 1980, período em que no Brasil se começava a analisar mais criticamente o papel social dessa área do conhecimento, a discussão filosófica e sociológica que colocava em questão, inclusive semântica, a expressão "educação física" atingia seu auge.

Avanços nas pesquisas e nos estudos de diferentes tendências (entre elas a própria CMH) identificavam uma contradição nessa expressão. Revelava-se uma fragmentação indiscutível na expressão "física", já que ela não refletia o conteúdo tratado pela área, ou seja, o corpo[6] em toda a sua complexidade. Na verdade, o corpo humano integra as dimensões social, cultural, política, intelectual, psicológica e também física, ou melhor, biológica, já que estamos estudando um ser em vida. A mudança na nomenclatura, portanto, se fazia (e ainda se faz) necessária.

Em que pese a exigência de buscar a precisão da palavra na construção do saber científico, a tradição do nome que identifica a "educação física" ainda é, em pleno século XXI, dominante e aceita, como comprovam suas instituições representativas, a legislação em vigor e a própria categoria profissional, que de forma geral a legitima. Mas seja qual for a expressão

---

3. Corte epistemológico: mudança do paradigma estudado pela epistemologia, ou seja, a filosofia aplicada às ciências.
4. Macroconceito: o conceito que abrange o todo para além das partes.
5. Transcendência não tem, nesse caso, um significado místico, esotérico ou religioso, mas, sim, o da superação de um estágio inferior para outro superior por meio de uma ação intencional do ser humano.
6. Corpo não é entendido dessa perspectiva apenas por meio de sua dimensão biológica; ele inclui integradamente também outras dimensões, como a social, a psicológica, a cultural, a política, a histórica, entre outras da natureza humana.

118   Papirus Editora

pela qual essa área do conhecimento é designada, a "motricidade humana" apresenta-se como um objeto de estudo científico, e nele a passagem do "físico" para o "humano" se torna algo irremediável para os nossos tempos.

O esporte, um dos aspectos da motricidade humana, é um bom exemplo do que a CMH procura demonstrar. Ele é fator imprescindível à cooperação para o desenvolvimento. Segundo as Nações Unidas, "o esporte é a melhor escola da vida" (*Sport for Development and Peace* 2003, p. 8). É por isso que a CMH não pode ser considerada apenas um conjunto de teorias; acima de tudo, ela quer ser um agregado de práticas, em que o desenvolvimento humano apareça como fim último.

De fato, o que distingue a CMH é o anúncio de uma nova metodologia. E o que ela traz de novo? Na verdade, procura demonstrar que os movimentos ginásticos do século XV foram superados pelos fundamentos do cartesianismo[7] e do positivismo,[8] fornecendo as bases para a "educação física". Hoje, no século XXI, esses conceitos é que foram (ou devem ser) superados. Neste contexto, na passagem de uma visão "física" do corpo para uma visão "humana", há que criar um tipo de educação que considere o "método integrativo"[9] ou o "método da complexidade",[10] ou mesmo a síntese de muitos métodos, já que se destina ao "ser humano todo" e não só a seus aspectos "físicos". Afinal, o que está em jogo é a continuidade do conceito e da produção do homem-máquina em relação ao desenvolvimento e à emancipação do ser humano em toda a sua complexidade.

Outra proposição da CMH é a de não ser unicamente filosófica e científica, mas também política, já que, quando se fala do "homem todo",

---

7. Cartesianismo: identificação dada a uma ideologia da modernidade empregada na cultura, na ciência, e influenciada pelo método do racionalismo de René Descartes a partir do século XVI.

8. Positivismo: identificação dada, segundo Augusto Comte, a uma doutrina sociológica, filosófica e política; influenciou o movimento iluminista que deu origem à Revolução Francesa (1789).

9. Método integrativo: ação que considera as dimensões da complexidade humana, ou seja, a social, a cultural, a psicológica, a biológicas, entre outras.

10. Complexidade humana: termo utilizado por Edgar Morin para designar as diversas dimensões do ser humano.

sua dimensão política é fundamental. Por meio de suas ações, a ciência da motricidade humana deve procurar permanentemente a superação das injustiças sociais estabelecidas. E esse é indubitavelmente um ato político.

Do ponto de vista pedagógico, a CMH propõe aos professores e aos técnicos que façam a si mesmos a seguinte pergunta: qual o tipo de pessoa que eu quero que nasça do treino ou da aula que vou orientar? O objeto da atenção primeira da CMH é sempre o ser humano em movimento intencional, em busca da transcendência ou da superação individual e coletiva. Dessa forma, o espetáculo e o esporte, mesmo de alto rendimento, devem, por seu turno, transformar-se em algo que mobilize as pessoas para o desenvolvimento humano, social e político.

A *fundamentação teórica da CMH*

Na configuração de seu objeto de estudo, ou seja, a passagem do físico à pessoa em movimento intencional, a CMH analisou o conceito fundante da educação física. Não por acaso o dualismo corpo-espírito é o reflexo do dualismo senhor – servo que aparece com o capitalismo que estava nascendo a partir do século XVII. Nesse sentido, ocupou um papel de destaque o pensamento de René Descartes (1596-1650), que ao racionalizar o conhecimento racionalizou também a economia. Seus preceitos mantiveram-se no positivismo do século XIX.

No intuito de superar o cartesianismo e o positivismo na educação física, a CMH fundamentou-se em diversas linhas de pensamento, tais como:

- a hegeliano-marxista, designadamente com os conceitos de "prática", "dialética" e "totalidade", ou seja, transformações advindas da realidade vivida que se choca com os limites do sistema econômico e social, criando assim condições de realizar transformações para além das partes, dos setores, do pontual, mas, de forma sistêmica, estabelecendo novas lógicas de construir o conhecimento e a sociedade;

- a de Gaston Bachelard, com o seu "obstáculo epistemológico" e sua "ruptura epistemológica"; o autor propunha, por meio do estudo filosófico aplicado à ciência, uma revolução na própria ciência, rumo a uma nova forma de produzir o conhecimento, baseada na descoberta de novos "objetos científicos"; segundo Bachelard, tudo deveria ser "relativizado" e, assim, o conhecimento seria criado relacionando-se o objeto com a busca da verdade e observando-se sempre o contexto histórico-social;

- a de Thomas Kuhn, que introduziu a ideia de superação de "paradigmas", ou seja, a substituição de antigos por novos "paradigmas"; para Kuhn, novas descobertas científicas, por exemplo, provocariam o esgotamento de modelos ultrapassados, criando demandas, questionamentos e também cenários culturais e sociais;

- a de Maurice Merleau-Ponty, autor que, pela fenomenologia, encontrou a definição de "motricidade" com base na visão de que "eu não tenho um corpo", mas, sim, "eu sou corpo", que possui intencionalidade operante. Pode-se creditar a esse filósofo o fim da dualidade da visão de "corpo e mente" e a concepção de que, por meio do corpo, nos é permitido sentir, perceber o mundo – um corpo de subjetividades psicológicas e históricas.

Há que destacar que a inegável erudição de Manuel Sérgio o levou a inúmeros outros pensamentos e pensadores que influenciaram as bases de construção da teoria da ciência da motricidade humana. Podemos ainda citar com destaque Edgar Morin e sua enorme contribuição à acepção de complexidade; Michel Foucault, que esmiúça as relações entre corpo e poder; Ilya Prigogine e suas reflexões críticas sobre verdades e certezas; Humberto Maturana e sua abordagem a respeito das teorias do conhecimento; Boaventura de Sousa Santos e sua leitura do significado da pós-modernidade; Pierre Parlebas e suas incursões filosóficas e sociológicas na educação física e no esporte; António Damásio e sua demonstração, baseada na neurociência, do "erro de Descartes", entre tantos outros.

Também podemos destacar aqui Arnold Gehlen, com seu livro *El hombre. Su naturaleza y su lugar en el mundo* (1987). Esse antropólogo alemão vê o ser humano essencialmente como "ser práxico", dado que se reconhece como um ser que só pode viver se atuar, se agir. Da mesma forma como teoria e prática são faces da mesma moeda, o ser humano não pode ser visto senão como ser da práxis.[11]

Por meio de todos os conceitos, pressupostos e diretrizes estruturados pela CMH, busca-se, assim, insistentemente, a superação da dualidade entre corpo e mente, além de um novo significado para o corpo humano, para a relação entre teoria e prática, para uma práxis que seja efetivamente agente de transformações sociais. Procura-se, enfim, a integração da ciência com a cultura, a integralidade de seu objeto com o período histórico-social e a indissociabilidade com o universo.

Dessa forma, em todo o processo do desenvolvimento humano, a motricidade, conceituada por Manuel Sérgio, baseia-se na visão científica que pressupõe:

- uma visão sistêmica do ser humano, em termos de relação e de integração;
- a existência de um ser não especializado e carente, aberto ao mundo, aos outros, à "transcendência";
- e, porque aberto ao mundo, aos outros e à transcendência, e deles carente, um ser "práxico", procurando encontrar e produzir o que não tem, o que não é;
- e, porque ser "práxico", agente e fator de cultura, portanto projeto originário de todo o sentido.

O ser humano sabe ainda que o seu movimento é intencional para o "mais-ser".[12] O humano é um "ser incondicionado" precisamente porque o seu movimento intencional não finda, ou seja, não cessa o seu movimento centrífugo em relação à transcendência.

Reside aqui um dos fundamentos mais caros à proposta da CMH. A ideia de transcendência está presente em todas as manifestações existenciais.

---

11. Práxis: a integralidade da teoria e da prática, ou a superação da dualidade entre ambas.
12. Mais-ser: termo filosófico que expressa a aquisição de atributos essencialmente humanos na sua dimensão subjetiva.

Tanto visando à saúde, como à recreação, à educação, ao rendimento, à cidadania, à felicidade – a transcendência está presente. O "paradigma biologicista",[13] ainda presente nas práticas tradicionais e conservadoras da educação física, incluindo-se a prática esportiva, não é capaz de explicar ou sequer considerar a complexidade humana. O processo de mudança e desenvolvimento em que o ser humano se encontra envolvido só se torna inteligível quando se percebe que o sentido da vida humana consiste na passagem do "ser"[14] ao "dever-ser".[15] Dessa perspectiva, os critérios de demarcação (entre o objetivo e o subjetivo, por exemplo) tornam-se menos nítidos, como deseja a visão positivista, mas assim passamos a entender melhor o "fim das certezas", a "quebra do princípio de causalidade" e a "redescoberta do espírito", agora em uma outra dimensão, superando-se o dualismo cartesiano (corpo e mente/alma).

A CMH quer passar, dessa forma, da "epistemologia positivista"[16] à "perspectiva construtivista",[17] na qual há "explicação" e "compreensão", existindo, portanto, mais invenção que descoberta e uma profunda interação entre o sujeito e o objeto de estudo.

CMH, ruptura e corte epistemológico em busca de um novo paradigma

Como já vimos, a CMH tem como seu paradigma a "energia para o movimento intencional buscando a superação ou transcendência". Por meio

---

13. Paradigma biologicista: a visão reducionista do ser humano na educação física que relega as outras dimensões – social, cultural, política etc.
14. Ser: conceito filosófico primário da identificação do humano.
15. Dever-ser: conceito filosófico que qualifica a identificação do ser humano com ele próprio e com o mundo.
16. Epistemologia positivista: leitura filosófica da ciência com conceitos advindos da subordinação da imaginação à observação dos fenômenos.
17. Perspectiva construtivista: aquela que coloca o ser humano como sujeito da construção e da criação do conhecimento com base em um relacionamento ativo com o meio social e cultural ao qual ele está inserido.

desse paradigma, a CMH procura estabelecer articulações com as outras ciências para que se possa considerar todo o complexo que o ser humano é, reconhecendo sempre a dimensão vivencial. A cultura é a aliança entre a entre a prática e a teoria, ou seja, entre a vida e o estudo.

Ao contrário do que estabelece o pensamento positivista, o que não é "científico" também faz parte da vida e, portanto, do conhecimento. Assim, os técnicos de motricidade humana (professores de educação motora ou educação física, treinadores desportivos, técnicos da dança, ergonomistas, professores de reabilitação psicomotora etc.) precisam despertar a consciência sobre a necessidade da mudança de paradigma, nas ciências humanas e sociais, para que as diversas dimensões humanas estejam presentes na ação do professor ou do técnico desportivo, porque estarão sempre presentes na vida do estudante, do atleta e de todas as pessoas.

> O termo *tecnociência* surge em meados dos anos 70 e designa a ciência contemporânea, exprimindo claramente o contraste com o *projeto logoteórico* da ciência antiga, bem como com a representação ainda dominante da ciência moderna, que continua a assimilar esta a um empreendimento fundamentalmente teórico, independente da produção e da ação. (Hottois 2003, p. 461)

Hoje, sabe-se que técnica e teoria estão em constante interação e que o progresso de uma supõe o progresso da outra. Nesta altura vale a pena citar o que fala Marx, na *Contribuição à crítica da economia política*: "O concreto é concreto, porque é a reunião de muitas determinações e, portanto, unidade na diversidade".

Podemos invocar Boaventura de Sousa Santos (2000, p. 29):

> Na atual fase de transição paradigmática, a teoria crítica pós-moderna constrói-se a partir de uma *tradição epistemológica marginalizada*,[18] e desacreditada pela modernidade, o *conhecimento-*

---

18. Tradição epistemológica marginalizada: terminologia pós-moderna crítica, minoritária e pouco aceita; o conceito de "modernidade" ainda é hegemônico na filosofia, na sociologia e nas ciências de modo geral.

emancipação. Nesta forma de conhecimento, a ignorância é o colonialismo e o colonialismo é a concepção do outro como objeto e, consequentemente, o não reconhecimento do outro como sujeito.

Há que atentar para o fato de que a modernidade nada mais é que a "ideologia",[19] a forma de ser, de pensar, de governar, de gestar, numa visão que se inicia no século XVI a partir da revolução industrial, ou seja, a ideologia do capitalismo, que nos tempos de hoje se verifica superada.

Dessa perspectiva de todas as visões que rompem com a "modernidade", Boaventura chama a atenção para a chamada "tradição epistemológica marginalizada". Essa tradição evoca uma ruptura com a visão da modernidade a respeito da ciência fragmentada, projetando uma revolução que conflua para um modelo que integre a ciência à construção de uma nova sociedade, ou seja, uma ciência integrada à história, às questões sociais e culturais emergentes da conjuntura atual. Em outras palavras, Boaventura traz à tona a criação do "conhecimento" para ser uma ferramenta da "emancipação" do ser, com a ciência compondo, assim, um sistema que induza à superação das injustiças, ao combate à limitação das liberdades, à luta contra a destruição do meio ambiente etc. A CMH apresenta-se, enfim, como "ruptura". Ruptura em relação à ideia de que o ser humano é o "Rei da Criação", seu conquistador e manipulador, ideia essa que separou o sujeito do objeto e alguns sujeitos do seu semelhante; ruptura em relação a um crescimento apenas técnico e científico, no qual as razões do coração não se conhecem e a "religião dos fins" é substituída pela "religião dos meios".

A CMH propõe rupturas com:

- um conhecimento que fraturou e separou as ciências em disciplinas encerradas em si mesmas, em propriedades privadas de alguns detentores do poder financeiro e de alguns estratos sociais e

---

19. Ideologia: conceito que reúne um conjunto de ideias argumentativas que na modernidade serviu para esconder a realidade concreta das contradições do capitalismo, num mecanismo de forjar consciências para estabelecer um processo de poder e autoridade da classe dominante sobre a classe oprimida.

profissionais, tornando-as assim incompreensíveis, perdidas em verdadeiros labirintos, no fenômeno global e complexo do processo histórico;

- o domínio exclusivo e ditatorial do quantitativo e do "físico" (mesmo nas suas formas pedagógicas) que elimina do desenvolvimento humano o não mensurável, o não formalizável, o não biológico e que não atribui ao ser humano senão funções sem referência a um projeto de vida;

- as "políticas onde a afetação de recursos contemple tão só a inovação tecnológica, a competitividade empresarial, a competência científica, sem outros valores, como a justiça social" (Vieira e Cunha 2005, pp. 54-55).

A CMH apresenta também a proposta de um "corte epistemológico". E um corte que é epistemológico porque é político e que é político porque é epistemológico. O que se pretende é a passagem da educação física à CMH, na medida em que a educação física é contemporânea do nascimento do capitalismo, ou seja, provêm ambos do mesmo chão cultural.

A CMH quer superar o cartesianismo. Mais que isso, acredita que ao capitalismo deverá suceder um socialismo no qual a democracia tenha um lugar indiscutível.

A educação física, ao modo cartesiano, ou seja, centrada unicamente nas qualidades físicas, deverá morrer também para que nasça a CMH, o estudo do ser humano na sua globalidade, em movimento intencional, tentando superar e superar-se.

A CMH sugere ainda uma ampliação no conceito de profissional de educação física, que não deve ser visto apenas como um especialista em atividades "físicas", mas como alguém que se especializou "no ser humano em movimento e no movimento do ser".

Mas, para formarem um "especialista em humanidade", as faculdades de educação física deverão repensar seus currículos e dar especial atenção à criação de novos elementos teóricos que nos ensinem a ler a realidade de outra forma, porque de fato a realidade da CMH não deve ser a mesma da educação física tradicional. O profissional dessa área, como especialista em motricidade humana, deve estudar e, portanto, saber opinar sobre todas as situações em que a motricidade se manifesta. A CMH prova, sem margem para dúvidas, que o profissional de educação física tem uma especialidade: a "motricidade humana", que, no quadro geral das ciências, é uma nova "ciência humana".

A CMH aponta para uma fundamentação epistemológica mais atualizada dessa profissão, e mais atualizada justamente porque contempla a incomensurabilidade da "motricidade humana"; trata-se, assim, de um paradigma científico novo, que não se confunde com o paradigma científico das outras profissões na medida em que à mudança teórica corresponde a mudança de conteúdo: a passagem do físico à complexidade humana.

A CMH e a prática

Em termos práticos, alguns alunos de Manuel Sérgio, como o treinador de futebol José Mourinho, começaram a utilizar, no seu trabalho profissional, o "método da complexidade" (que Manuel Sérgio, em sua tese de doutorado, chamava de "método integrativo"). Vejamos o que nos diz esse renomado treinador:

> Acredito, hoje, que vai haver, e já está a haver, um corte com aquele passado reducionista (...). Assim, a minha metodologia foi toda virada nesse sentido. Depois, recebi influências diversas, baseadas na minha própria experiência. Manuel Sérgio, filósofo e meu professor no antigo Isef (Instituto Superior de Educação Física de Lisboa, Portugal), também foi fundamental na minha aprendizagem, porque não me apresentou caminhos rígidos que eu teria de trilhar (...). Deu-me, sim, pistas para novos entendimentos e novas possibilidades. Foi desta forma que escolhi o caminho da complexidade. (*In* Lourenço e Ilharco 2007, p. 48)

O modo pelo qual José Mourinho treina suas equipes demonstra a importância da visão de complexidade na prática, como procura demonstrar a CMH. O professor e treinador português afirma:

Como não me canso de repetir, o mais importante numa equipe é ter um modelo de jogo, um conjunto de princípios que deem organização à equipe. Por isso, a minha atenção é para aí dirigida, desde o primeiro dia. As semanas preparatórias incidem, de forma sistemática, na organização tática, sempre com o objetivo de estruturar e elevar o desempenho coletivo. As preocupações técnicas, físicas e psicológicas (como a concentração, por exemplo) surgem por arrastamento e como consequência da especificidade do nosso modelo de operacionalização. (*In* Oliveira; Amieiro; Resende e Barreto 2006, p. 94)

Podemos identificar o aprendizado de Mourinho nas palavras de Manuel Sérgio em seu livro *Filosofia das atividades corporais* (1981, p. 118): "O desenvolvimento motor não é neutro, quero eu dizer: não é puramente biológico, porque é intencional". Da mesma forma, podemos entender que, na educação física ou mesmo no esporte de alto rendimento, as questões filosóficas mais amplas – ou, em outras palavras, a abordagem dialética do sistema – não podem ficar de fora desse processo, pela perspectiva dessa nova ciência (CMH). Arguir permanentemente sobre que tipo de pessoa o professor ou treinador quer formar em sua aula ou treinamento é uma questão primordial.

Percebe-se assim, uma vez mais, por que o corte que Manuel Sérgio defende não é só epistemológico. Também ele, por meio da CMH, quer participar da luta contra o lucro e a vantagem a qualquer custo que dominam o nosso mundo, reproduzindo injustiças sociais insuportáveis. O que se persegue é a construção de um mundo outro, de uma nova realidade em que todos os homens se sintam emancipados.

Manuel Sérgio considera o esporte "um dos ramos da motricidade humana, na forma de jogo competitivo, institucionalizado e com regras universais" (2008, p. 97). Mas, se há regras, há uma "mentalidade sapiencial" só possível numa sociedade mais fraterna e mais justa.

Poderíamos falar ainda da dança, da ergonomia e da reabilitação psicomotora que são subsistemas do sistema "motricidade humana". Assim, o profissional de educação física deverá estar presente não só no esporte e na educação, mas também no trabalho, na saúde e na arte.

O lúdico é o espaço onde a beleza pode nascer. O ato estético não considera nem o produto, nem a finalização da tarefa (...) não se refere nem à produção da tarefa, mas a uma ação que se realiza livremente, quer dizer, à motivação cuja extensão deriva do seu próprio impulso. A atitude estética é lúdica, livre, e decidir seu propósito reside na própria atividade, pois que desta resulta um intenso prazer. Dito prazer não provém da antecipação (ideal) do resultado da ação, mas da própria ação. Só existe prazer na ação quando as forças não derivam de alguma finalidade externa. O prazer só emerge da ação quando a finalidade é intrínseca a ela. A explicação é simples: para que exista prazer é preciso que a mente não esteja dissociada, e que todas as faculdades se concentrem, ocupadas no mesmo objeto. (Maillard 1998, pp. 93-94; trad. minha)

Embora longa, dessa citação se pode extrair a ideia de que é preciso ludismo para que a arte do corpo em movimento aconteça. Compreende-se assim por que o atleta genial é o grande criador de beleza. Afinal, nele há mais jogo do que competição. Ele cria jogadas espetaculares porque está na competição se recreando, se divertindo e não unicamente competindo. A competição não elimina o estético. O que o elimina é a negativa e a incompreensão do sujeito para criá-lo. Portanto, quanto mais for estimulado à criação, à arte e ao ludismo, mais o esporte será um objeto educativo.

Do cartesianismo à complexidade

Para Manuel Sérgio – e, portanto, para a CMH –, o "racionalismo"[20] está para a educação física como a "totalidade"[21] da dialética hegeliano-marxista e a motricidade da escola fenomenológica estão para a motricidade humana. A passagem da ginástica à educação física acontece com "o erro

---

20. Racionalismo: associado a René Descarte no século XVI, pensamento fragmentado e dualista que privilegia a razão matemática na busca de certezas por partes.

21. Totalidade: conceito presente em Hegel e Marx que desenvolve uma visão dialética do conjunto das coisas contra a visão fragmentada da leitura das partes.

de Descartes",[22] ou seja, com a separação da "alma" do corpo, o qual, por sua vez, não passa de simples máquina.

A educação física servia para que o corpo funcionasse como máquina e assim executasse corretamente as determinações do espírito. O espírito (a *res cogitans*) era mais importante que o corpo (a *res extensa*). É Merleau-Ponty (1908-1961) que, em meados do século XX, revela o "primado da percepção" sobre a razão e o entendimento. Ou seja, eu conheço e conheço-me porque sou corpo. Em 1947, perante a Société Française de Philosophie, Merleau-Ponty afirmou: "Perceber é tornar presente qualquer coisa com a ajuda do corpo".

A fenomenologia diz-nos que temos um corpo consciente. Há, nesse caso, uma concepção de filosofia diferente da tradicional. De fato, é pelo corpo que eu conheço. Foi também fundamentada no estudo da fenomenologia que a CMH propiciou a amplitude e a complexidade do ofício do profissional de educação física. Com efeito, se é pelo corpo que se pensa, se sente e se vive, o professor de educação física tem de descobrir o lugar desse corpo, em todos os momentos da vida humana. Quem trabalha o corpo está em contato com o humano todo. Portanto, para a CMH, o profissional de educação física não pratica e teoriza unicamente "atividades físicas", mas "atividades humanas". É a complexidade humana e não somente o físico que temos de estudar.

E se é a complexidade humana que se estuda, é o "método da complexidade" que deve ser utilizado, em todas as circunstâncias. Esse é um dos pressupostos básicos da ciência da motricidade humana; com ele, a CMH pretende dar sua contribuição para uma educação física renovada e, acima de tudo, para a emancipação de todos os homens e mulheres por meio da motricidade.

Não foi por acaso que uma profunda amizade nasceu entre o brasileiro João Paulo Subirá Medina (autor deste livro) e o português Manuel Sérgio Vieira e Cunha (criador e sistematizador da CMH). Ambos defendem o

---

22. "O erro de Descartes": expressão utilizada no livro do mesmo nome de Antônio Damásio para explicar, pela neurociência, que havia na obra de René Descartes uma separação insustentável entre razão e emoção.

"método da complexidade", rejeitam o "erro de Descartes", descobrem um novo ofício para o profissional de educação física, um ofício que tenha a ver não só com o movimento de caráter biomecânico, do homem e da mulher, mas sobretudo com o ser humano em movimento em busca da superação e da transcendência.

A palavra "corpo" vem do latim *corpus*. O corpo, durante muito tempo, foi considerado um simples objeto material que se opunha ao espírito, à alma. A distinção radical entre a substância pensante (o espírito) e a substância extensa (o corpo) é contestada de forma radical, como já vimos, por Maurice Merleau-Ponty, que nos ensina: "eu sou meu corpo". O corpo, portanto, deve ser sujeito e não objeto.

O neurologista português António Damásio, quando recebeu o prêmio Príncipe das Astúrias de Investigação Científica e Técnica (em outubro de 2005), respondendo à pergunta do jornal *El País* que o inquiria se somos tão racionais como pretendemos, disse:

> Não. Não somos tão racionais como se julga. Temos a possibilidade de sê-lo, mas mediante um tremendo esforço pessoal e mediante um contexto social e cultural que nos ajude. Somos escravos das emoções e do contexto que nos rodeia. Só somos racionais se soubermos controlar as emoções negativas e potenciar as positivas.

Diante da insistência do jornalista, que questionou como seria possível fazer isso, Damásio respondeu:

> Trato esse tema no meu último livro *Em busca de Spinoza* (Editorial Crítica). De fato, esse filósofo ensina a controlar as emoções negativas e a potenciar as positivas. Sabe como? Numa sociedade nova, onde haja educação de qualidade. Nesse trabalho devem comprometer-se a escola, os meios de comunicação e os próprios cientistas.

E eu acrescentaria: e os profissionais de educação física, como especialistas em humanidade.

É ainda António Damásio o autor da afirmação: "A alma respira através do corpo e o sofrimento, quer comece no corpo ou numa imagem mental, acontece na carne".

Palavra final

Para concluir esta pequena introdução à ciência da motricidade humana, podemos relembrar, aqui, a obra de Ilya Prigogine (2001, p. 72), que nos afirma que "o verdadeiro conhecimento é o que se mostra capaz de contextualizar, de reunir, de globalizar. Entre o ser humano e o mundo há relações indispensáveis, visto que sem o mundo o Homem não se compreende e sem o mundo o Homem não se explica. Vivemos no mundo e o mundo vive em nós".

Na linha do que João Paulo Subirá Medina e Manuel Sérgio vêm ensinando há cerca de 30 anos, os cursos universitários de educação física têm de ser repensados e transformados. Há neles demasiados comentadores, repetidores e catalogadores de saberes que há muito já foram inventados.

A ciência da motricidade humana, criada e sistematizada por Manuel Sérgio, pressupõe que é possível a construção de uma sociedade nova, justa, que consiga superar não só o positivismo e o cartesianismo, mas fundamentalmente as contradições do sistema capitalista, lutando por liberdade, democracia e emancipação para todos os seres humanos.

Nesse sentido, o profissional de educação física (munido de todas as suas possibilidades) tem de entender o seu papel de agente social e transformador. Para isso são necessários compromisso, reflexão crítica e, sobretudo, ação.

Referências bibliográficas

CRUZ, A. Oliveira e SOUZA, José Antunes de (2007). *Motrisofia: Uma homenagem a Manuel Sérgio*. Lisboa: Instituto Piaget.

DAMÁSIO, Antônio (1995). *O erro de Descartes: Emoção, razão e cérebro humano*. Lisboa: Publicações Europa-América.

DESCARTES, René (1986). *O discurso do método*. Lisboa: Publicações Europa-América.

GEHLEN, Arnold (1987). *El hombre. Su naturaleza y su lugar en el mundo*. 2ª ed. Salamanca: Sígueme.

HOTTOIS, Gilbert (2003). *História da filosofia: Da Renascença à Pós-Modernidade*. Lisboa: Instituto Piaget, 2003.

LOURENÇO, Luís e ILHARCO, Fernando (2007). *Liderança: As lições de Mourinho*. Prefácio de José Mourinho. Lisboa: Booknomics.

MAILLARD, Chantal (1998). *La razón estética*. Barcelona: Editorial Laertes.

MARX, Karl (2003). *Contribuição à crítica da economia política*. São Paulo: Martins Fontes.

MERLEAU-PONTY, Maurice (1991). *Signos*. São Paulo: Martins Fontes.

MORIN, Edgar (2007). *Introdução ao pensamento complexo*. Porto Alegre: Sulina.

OLIVEIRA, Bruno; AMIEIRO, Nuno; RESENDE, Nuno e BARRETO, Ricardo (2006). *Mourinho: Por que tantas vitórias?*. Lisboa: Gradiva.

PRIGOGINE, Ilya e KONDEPUDI, Dilip (2001). *Termodinâmica: Dos motores térmicos às estruturas dissipativas*. Lisboa: Instituto Piaget.

SOUSA SANTOS, Boaventura (2000). *A crítica da razão indolente*. Porto: Edições Afrontamento.

VIEIRA E CUNHA, Manuel Sérgio (1963). *Entre o nevoeiro da Serra*. Lisboa: Gráfica Imperial.

_____ (1974). *Para uma nova dimensão do desporto*. Lisboa: Direção-Geral dos Desportos.

_____ (1981). *Filosofia das atividades corporais*. Lisboa: Compendium.

_____ (1989). *Educação física ou ciência da motricidade humana?*. Campinas: Papirus. (Coleção Corpo e Motricidade)

_____ (1991). *A pergunta filosófica e o desporto*. Lisboa: Compendium. (Coleção Educação Física e Desporto)

_____ (1994a). *Motricidade humana: Contribuições para um paradigma emergente*. Lisboa: Instituto Piaget. (Coleção Epistemologia e Sociedade)

_____ (1994b). *Para uma epistemologia da motricidade humana: Prolegómenos a uma nova ciência do homem*. 2ª ed. Lisboa: Compendium.

_____ (1995). *Educação motora: O ramo pedagógico da ciência da motricidade humana*. *In*: DE MARCO, Ademir (org.). *Pensando a educação motora*. Campinas: Papirus. (Coleção Corpo e Motricidade)

_____ (1996). *Epistemologia da motricidade humana*. Lisboa: Faculdade de Motricidade Humana – Universidade Técnica de Lisboa.

_____ (1999). Um *corte epistemológico: Da educação física à motricidade humana.* Lisboa: Instituto Piaget. (Coleção Epistemologia e Sociedade)

_____ (2003). *Alguns olhares sobre o corpo.* Lisboa: Instituto Piaget. (Coleção Epistemologia e Sociedade)

_____ (2005). *Para um novo paradigma do saber e... do ser.* Coimbra: Ariadne.

_____ (2008). *Textos insólitos.* Lisboa: Instituto Piaget.

_____ (s.d.). *A prática e a educação física.* 2ª ed. Lisboa: Compendium.

VIEIRA E CUNHA, Manuel Sérgio *et al.* (1999). "A racionalidade epistêmica no século XX". *O sentido e a ação.* Lisboa: Instituto Piaget. (Coleção Epistemologia e Sociedade)

3
A EDUCAÇÃO FÍSICA E A TENTATIVA DE "DEIXAR DE MENTIR": O PROJETO DE "INTENÇÃO DE RUPTURA"[1]

Edson Marcelo Hungaro

Não basta que o pensamento tenda para a realização;
a própria realidade deve tender para o pensamento.
Marx 2005, p. 9

1. A alusão, aqui, é à denominação atribuída, por José Paulo Netto, ao processo teórico-político instaurado pelo serviço social na luta contra sua funcionalidade original ao capital: nas suas origens, o serviço social fundamentava-se na filantropia, protagonizada pela ação católica, que consistia (consiste) numa ação paliativa de combate à pobreza ao mesmo tempo em que despolitizava a luta pela superação das relações sociais que a geravam. A produção acadêmica do serviço social, desde o final da década de 1960, vem criticando esse caráter filantrópico – extremamente funcional ao capital, pois naturaliza a pobreza e a "combate" tão somente em seus efeitos, com ações baseadas na solidariedade – e propondo que o serviço social esteja alinhado com a superação da ordem burguesa. O rompimento com os interesses do capital e o engajamento na superação da ordem burguesa constituem a essência do processo de "intenção de ruptura".

A educação física cuida do corpo... e "mente" 135

Indiscutivelmente, na década de 1980, a educação física brasileira iniciou um profundo processo de autocrítica. As circunstâncias da época favoreceram esse processo. E que circunstâncias eram essas?

Depois de duas décadas – tendo 1964 como referência – de submissão à "ditadura da burguesia fardada",[2] respiraram-se, na década de 1980, os ares da redemocratização.[3] Esses ares só foram possíveis em virtude, no final da década de 1970, do esgotamento do chamado "milagre brasileiro" e do processo de reorganização do movimento operário.[4]

Não se pretende, com tal constatação, reduzir a importância do contínuo processo de resistência empreendido pelas forças democráticas, que se uniram no Movimento Democrático Brasileiro (MDB), nem tampouco das ações daqueles que, com base em sua leitura de realidade, optaram pela alternativa da (a meu ver, equivocada) "luta armada".

Nesse processo – que envolve a crise do "milagre brasileiro", a reorganização do movimento operário e o contínuo processo de resistência à ditadura (desde 1964) – o contexto político dos anos 1980 é modificado sensivelmente. Alguns fatos demonstram a profundidade dessas mudanças: o dossiê "Brasil Nunca Mais", com as denúncias dos atos de terror praticados pelo governo autoritário (as torturas e os assassinatos); o movimento pela anistia; o fim do bipartidarismo; o surgimento de novas instituições políticas,

---

2. Optamos pela denominação "ditadura da burguesia fardada" por julgar que a expressão "ditadura militar" – comumente utilizada – apresenta dois significativos problemas: 1) não revela o conteúdo de classe da ditadura: obras importantes já demonstraram que os interesses da burguesia internacional financiaram e motivaram os golpes militares na América Latina (ver, por exemplo, o importante livro de Dreifuss 1981); 2) nem todos os militares brasileiros estiveram a favor do golpe (vale lembrar, inclusive, que alguns importantes líderes de movimentos de resistência ao regime eram oriundos dos quartéis – Lamarca, por exemplo).

3. Uma análise mais aprofundada sobre o processo de redemocratização brasileiro transcenderia os limites do presente ensaio.

4. Trata-se da reorganização do movimento operário brasileiro que havia sido duramente reprimido – principalmente nos ataques àquela que, até então, tinha sido a agremiação política mais representativa desse movimento, o Partido Comunista Brasileiro (PCB).

representativas dos interesses dos trabalhadores (a fundação do Partido dos Trabalhadores [PT] e da Central Única dos Trabalhadores [CUT], por exemplo); o retorno do Partido Comunista Brasileiro (PCB) à legalidade (em 1985); a luta pelas eleições diretas para presidente (com o movimento das "Diretas Já"); as vitórias eleitorais da esquerda, em alguns municípios importantes (como em São Paulo, por exemplo, em 1989); entre outros.

Tais circunstâncias, panoramicamente abordadas, incidiram na educação física e estimularam, nela, um teorizar crítico-sistemático (nunca antes visto) que trazia uma característica marcante: era feito do ponto de vista "dos de baixo".[5] Em outras palavras, a educação física, pela primeira vez, questionava "teoricamente"[6] sua histórica funcionalidade aos interesses das elites dominantes e inaugurava um movimento de engajamento com a luta pela mudança radical (na raiz) da sociedade capitalista.

Ora, desde sua origem, no século XIX, a educação física teve sua funcionalidade vinculada aos interesses da burguesia conservadora[7] no processo de "construção do homem novo", necessário ao capital,[8] e, quanto

---

5. Termo cunhado por Florestan Fernandes na tentativa de aglutinar as expressões revolucionárias da ordem burguesa (o movimento operário tem um protagonismo fundamental nessas expressões, mas não é o único ator dessa luta).

6. A ênfase visa assinalar que o movimento se deu, fundamentalmente, no debate teórico. Embora, nos anos 1980, inúmeras ações tenham sido efetivadas a fim de modificar a prática pedagógica do professor de educação física, os resultados obtidos ainda são muito incipientes, inclusive pelo enorme hiato existente entre o debate teórico – muitas vezes travado no âmbito da Academia – e a prática pedagógica na escola.

7. A revolução burguesa não conduziu ao prometido "reino da liberdade", mas a uma ordem social mais livre que a anterior, que continha limites, com uma nova dominação de classe. A burguesia renunciou aos seus ideais emancipadores e converteu-se em classe conservadora, neutralizando ou abandonando conteúdos mais avançados da cultura ilustrada. Em 1848-1849, explodiram revoluções no solo europeu (a "Primavera dos Povos") que já apresentavam um novo conteúdo no qual dois protagonistas começavam a se enfrentar diretamente: a burguesia conservadora e o proletariado revolucionário.

8. "Na Europa, e em especial na França, este é o período [século XIX] no qual se consolidam o Estado burguês e a burguesia enquanto classe, criando condições objetivas para que as próprias contradições de classe no poder apareçam, e seja inevitável o reconhecimento do seu oponente histórico – a classe operária. Para manter

ao atendimento desse objetivo, teve papel de destaque. Segundo Carmem Lúcia Soares (1994, p. 6):

> A educação física será a própria expressão física da sociedade do capital. Ela encarna e expressa os gestos automatizados, disciplinados, e se faz protagonista de um corpo "saudável"; torna-se receita e remédio para curar os homens de sua letargia, indolência, preguiça, imoralidade e, desse modo, passa a integrar o discurso médico, pedagógico... familiar.

Além de contribuir com a preparação da mão de obra – tanto física quanto ideologicamente –, a educação física ainda foi importantíssima à burguesia no controle dos surtos de doenças. A crescente urbanização fez que houvesse um estupendo aumento da população nas cidades e, com ele, as epidemias:

> (...) O crescimento rápido e desordenado das cidades e áreas industriais não foi acompanhado pela ampliação dos serviços mais elementares nas cidades, como, por exemplo, a limpeza das ruas e os serviços sanitários. O aparecimento das grandes epidemias como o cólera, o tifo e a febre recorrente entre 1831 e 1840 evidencia de forma contundente a deterioração do espaço urbano. (*Ibidem*, pp. 15-16)

Para combater tais problemas, teve origem, em meados do século XIX, o movimento de moralização sanitária – fundado na argumentação de que os pobres viviam mal por estarem impregnados de vícios e não se submeterem a regras. A educação física incorporou esse discurso, notadamente em sua expressão higienista.

---

a sua hegemonia, a burguesia necessita, então, investir na construção de um homem novo, um homem que possa suportar uma nova ordem política, econômica e social, um novo modo de produzir a vida sob novas bases. A construção desse homem novo, portanto, será integral, ela 'cuidará' igualmente dos aspectos mentais, intelectuais, culturais e físicos" (Soares 1994, p. 10).

Com tal funcionalidade, a educação física constituiu-se na Europa, e seus traços fundamentais – preparação de mão de obra para o trabalho industrial (garantir que o operário suporte fisicamente a jornada de trabalho industrial), consolidação e generalização da visão positivista de ciência (tanto a sociedade quanto os indivíduos serão sempre reduzidos a um organismo biológico) e controle das epidemias – foram mantidos durante o processo de sua expansão, com o domínio europeu, pelo mundo[9] – inclusive, em sua inserção no Brasil.

Embora com determinações específicas, próprias de uma formação histórico-cultural singular, no Brasil, assim como na Europa, as instituições militar e médica foram fundamentais para a construção da educação física.[10]

Entre as determinações específicas, vale ressaltar que mais uma funcionalidade foi assumida pela educação física no Brasil, durante o regime autoritário: a de contribuir com um processo de manipulação de consciências, ou seja: de contribuir com a "mentira".[11]

Tal funcionalidade – a de "mentir" para a manipulação das consciências –, necessária à manutenção do regime autoritário, é corajosamente[12] (e

---

9. Chamamos a atenção para as características mais gerais do processo, mas a expansão da educação física pelo mundo guarda ricas determinações singulares, em cada região do globo terrestre e, também, no Brasil. O trato dessas especificidades transcenderia os limites deste ensaio.

10. Sobre a construção histórica da educação física brasileira, recomenda-se a leitura dos importantes livros de Castellani Filho (1988) e de Soares (1994).

11. Nesse caso, optamos pela expressão *mentira*, em vez de *ideologia*, por duas razões. A primeira diz respeito às diversas acepções que têm sido atribuídas, no debate da teoria social, à designação ideologia – "falsa consciência"; conjunto de ideias; e visão de mundo de uma classe social. Para Marx, ideologia não consistia numa mentira, mas, sim, numa interpretação falsa da realidade – um erro. Nesse sentido, Adam Smith, por exemplo, era considerado um ideólogo da burguesia, mas não um mentiroso. A segunda razão é a alusão à obra de Medina, que, valendo-se de uma ambiguidade, traz em seu título a palavra "mente", no sentido de mentira. Ora, essa expressão parece-nos mais adequada, pois reflete um ambiente de clara tentativa de manipulação das consciências.

12. A coragem merece ser destacada, pois, apesar do clima de redemocratização favorável, o livro foi escrito em 1983. A ditadura, nessa época, ainda vigia. Vale lembrar, por exemplo, que o PCB só retornou à legalidade em 1985.

brilhantemente) denunciada por Medina em sua obra *A educação física cuida do corpo... e "mente"*, de cuja 25ª edição estou tendo a honra de participar com este ensaio.

Diagnosticando a necessidade de uma crise para a educação física, Medina (1983) aponta e aborda uma riqueza de temas fundamentais para a discussão crítica dessa área do ensino, entre os quais: o quadro de miséria das consciências; a essência do ato educativo e as relações da educação física com ele; o problema da fragmentação decorrente da crescente especialização das ciências – própria do positivismo; a denúncia da empobrecida formação do profissional da educação física; a crítica à enviesada compreensão da relação teoria e prática; um importante, embora inicial, mapeamento das concepções de educação física (convencional, modernizadora e revolucionária); a defesa de uma educação física revolucionária e o chamamento para a necessidade de construir uma nova educação física, comprometida com a utopia,[13] que ainda estava por se fazer:

> (...) uma educação física verdadeiramente revolucionária ainda está por se fazer. Ela apenas existe em estado potencial (em concepção) para aqueles que não se conformam com a triste e sombria perspectiva colocada diante de nós, caso não comecemos a questionar de maneira radical, rigorosa e global, os atuais valores culturais que nos condicionam. Esta última concepção ainda não se caracterizou como um projeto organizado capaz de agir coletivamente, promovendo o ser humano a melhores níveis existenciais através do movimento. (Medina 1983, p. 85)

A riqueza de temas apontados e abordados, como se vê, é enorme. A pauta fundamental do debate teórico da educação física estava posta nessa importante obra, mas não só a pauta como também o apontamento de caminhos para esse debate.

---

13. Sobre as "inspirações utópicas" muito já se escreveu. Não entraremos nesse debate. Vale ressaltar que a noção de utopia com a qual Medina opera – em nossa compreensão – é aquela que aponta para a construção do novo – de um novo projeto societário em que o homem, por fim, seja a principal preocupação do ordenamento social.

Em *A educação física cuida do corpo... e "mente"*, Medina estabeleceu uma importante interlocução com as ciências humanas e sociais e demonstrou a necessidade de superarmos aquele modelo de formação que tinha – exclusivamente – nas ciências biológicas seu pilar fundamental. O livro, portanto, deixou claro: o "caminho" para a construção de uma educação física comprometida e revolucionária exigiria uma crítica teórica que mantivesse vínculos com a teoria social,[14] especialmente com Marx.

Embora a remissão a Marx não seja direta, no livro, o diálogo estabelecido pelo autor com a literatura confirma essa hipótese. Tendo em vista o vínculo mais imediato da educação física com a educação, Medina traz à sua análise importantes autores da educação vinculados à tradição marxista, como: Dermeval Saviani e Luiz Antonio Cunha. Traz, também, outros autores que, se não marxistas, tiveram importantes interlocuções com essa tradição de pensamento, como Paulo Freire e Carlos Rodrigues Brandão.

Fora do âmbito da educação, mas a ela articuladas direta e indiretamente, outras importantes referências marxistas são chamadas à discussão, como Eric Fromm e Adolfo Sánchez Vásquez, por exemplo.

Antes de seguirmos em nossa análise, faz-se necessário observar que, embora tenha desempenhado um destacado protagonismo, o livro de Medina não foi um "raio em céu sem nuvens carregadas". Começava a tomar fôlego um movimento pela renovação da educação física com a sua articulação a um projeto de emancipação humana. Nesse movimento, outros autores/atores foram fundamentais. Sem seguirmos uma linha cronológica e correndo o risco de cometermos injustiças, lembremos das contribuições – teóricas e políticas – de Vitor Marinho de Oliveira, Celi Taffarel, Lino Castellani Filho, Valter Bracht, Apolônio Abadio do Carmo, Michele Escobar, Carmem Lúcia Soares, Mauri de Carvalho, Nivaldo Nogueira David, João Batista Freire, entre outros.[15]

---

14. Optamos, doravante, pela utilização da expressão "teoria social" (defendida pelo importante pensador marxista Georg Lukács) por comportar, implicitamente, uma crítica à fragmentação das ciências (expressa, por exemplo, nas denominações "ciências humanas e sociais"; "ciências naturais"; "ciências biológicas" etc).

15. Também tivemos a relevante contribuição de um português com fortes vínculos no Brasil, o professor Manuel Sérgio.

Esse movimento (dos anos 1980) é, de fato, o principal acontecimento teórico da educação física brasileira; por essa razão, tem sido analisado por diversos estudiosos,[16] e, nele, merece destaque a interlocução com a teoria social iniciada – e instigada – por Medina. Sem dúvida, *A educação física cuida do corpo... e "mente"* é a obra mais emblemática desse movimento.

A provocação consignada neste livro, combinada com as circunstâncias favoráveis, fez emergir esse importante movimento de renovação da educação física brasileira, fortemente inspirado no marxismo e com resultados significativos no âmbito da produção teórica. Movimento que, aliás, resultou em produções que podem ser consideradas "clássicas", como a do Coletivo de Autores (1992), a de Bracht (1997), a de Castellani Filho (1988), entre outras obras.[17]

Indubitavelmente, a interlocução com a teoria social de Marx foi fundamental para a construção de um projeto de "intenção de ruptura" da educação física com o seu passado conservador, mas tal interlocução não foi realizada sem problemas. Alguns deles foram "herdados" do próprio debate marxista e outros tiveram sua gênese na educação física.

Os problemas "herdados" dizem respeito às disputas pelas interpretações "mais verdadeiras" de Marx. Não se pretende, com essa constatação, sugerir que se abra mão do rigor acadêmico – tão necessário à reflexão teórica –, mas tão somente sinalizar que tais disputas – que atrapalham a ação política – estiveram (e estão) presentes na educação física. Na maioria das vezes, o resultado teórico dessas disputas é a elaboração de avaliações – empreendidas por "verdadeiros marxistas" – sobre a produção teórica de outros "falsos marxistas" com o auxílio do "marxômetro" (instrumento de medida sobre o quanto se é fiel ao próprio Marx). Obviamente, o debate é conduzido ao inócuo fundamentalismo.[18]

---

16. Vale destacar os importantes livros de Daolio (1998) e de Oliveira (1994).

17. Vale ressaltar que muitos desses resultados foram a público já nos anos 1990. Algumas vezes, na forma de reunião de escritos, alguns produzidos nos anos 1980.

18. Já está demonstrado, suficientemente, que esse fundamentalismo mais dividiu que uniu os revolucionários marxistas. Paradoxalmente, tal fundamentalismo fez que as ideias do autor que mais se inspirou na compreensão dialética da realidade fossem interpretadas como uma espécie de religião. Para não cometer injustiças, é preciso ressaltar que esse comentário não é válido para toda a tradição marxista.

Quanto aos problemas específicos da interlocução da educação física com a teoria social de Marx, o mais importante deles é o da apropriação indireta. O nosso contato inicial com Marx fez-se mediado pelo debate da educação (cf. Bracht 1999). Obviamente, isso traz problemas à compreensão do pensamento do autor alemão.

Mas não foi só na produção teórica da educação física que se puderam perceber problemas associados à influência do marxismo. Nas lutas políticas travadas, ela também se fez notar. Nesse sentido, talvez, o embate mais significativo tenha sido aquele ocorrido no Colégio Brasileiro de Ciências do Esporte (CBCE). Fruto das circunstâncias democráticas renovadoras, os rumos dessa instituição acadêmico-científica foram alterados. A segunda metade da década de 1980 foi rica, também, para a ação política renovadora dessa instituição[19] – originariamente, fundada por médicos e professores de educação física e influenciada pela tradição científica norte-americana (mais precisamente, estadunidense e canadense) – de forte inspiração positivista (a começar pelo nome: Colégio Brasileiro de Ciências do Esporte – uma alusão aos *colleges*).

Jocimar Daolio (1998), analisando os acontecimentos da década de 1980, tece críticas à maneira pela qual foram conduzidos tanto os embates acadêmicos quanto a luta pela hegemonia no CBCE. Ele entende que o acirramento das posições – claramente notados, nesses conflitos – retardou o amadurecimento acadêmico da área. Para o autor, apenas durante os anos 1990, quando o antagonismo se arrefeceu, é que passamos a desfrutar de um ambiente amadurecido academicamente.

---

19. Desde meados dos anos 1980, foi iniciado o processo de sua renovação. Tal processo aprofundou-se na gestão iniciada em 1987, e, na eleição para a nova direção do colégio, em 1989 – realizada durante o Congresso Brasileiro de Ciências do Esporte (Conbrace) de Brasília –, tivemos um acirramento dos ânimos entre os candidatos à direção: de um lado, aqueles que resistiam à renovação – grupo constituído pelos que estavam marcados por determinada compreensão de ciência, muito vinculada à tradição positivista, embora não só a ela – e, do outro lado, aqueles que eram os protagonistas da tendência renovadora. O grupo renovador saiu vencedor num processo que deixou marcas, pois o grupo perdedor acabou por se afastar do CBCE.

Nossa compreensão sobre esses acontecimentos é – se não totalmente – significativamente distinta da de Daolio. Inspirados pela epígrafe que abre o presente ensaio, entendemos que as circunstâncias históricas dos anos 1990 (as determinações da realidade) foram extremamente avessas ao projeto de "intenção de ruptura" da educação física com seu passado conservador. Tal projeto, inaugurado nos anos 1980, fortalecido até meados dos anos 1990, começa a se defrontar com um contexto (da pós-modernidade) extremamente conservador (em certo sentido, inclusive, reacionário) e absolutamente avesso ao marxismo – que tanto inspirou o projeto de "intenção de ruptura".

O diagnóstico de que se trata de uma conjuntura avessa ao marxismo não significa o "fim de Marx", mas tão somente a constatação de que a *realidade não tem tendido para a teoria*. Em outras palavras, as circunstâncias não têm sido favoráveis às formulações marxianas (e marxistas).[20] Façamos, então, um exame sumário dessas circunstâncias.

As circunstâncias de emergência da pós-modernidade

Desde meados da década de 1970, o capitalismo viu-se às voltas com uma crise profunda.[21] As transformações societárias com as quais a

---

20. Fazemos, aqui, uma distinção entre o pensamento marxiano e o marxismo. Chamamos de pensamento marxiano as elaborações, as reflexões e os apontamentos elaborados pelo próprio Marx. Inspiradas nessas elaborações, surgiram inúmeras outras formulações, reflexões, apontamentos, ou seja, o marxismo. Tal distinção é de fundamental importância, pois podemos localizar tanto uma rica tradição marxista que renovou e acrescentou tematizações, enfim, que atualizou a inspiração marxiana – como é o caso de Lenin, Gramsci e Lukács, entre outros – quanto uma empobrecida, que acabou por operar reducionismos às formulações originais de Marx – como foi o caso do chamado "marxismo-leninismo", que, em verdade, se tratava do fenômeno do stalinismo.

21. "O marco dos anos setenta não é um acidente cronológico; ao contrário: a visibilidade de novos processos se torna progressiva à medida que o capital monopolista se vê compelido a encontrar alternativas para a crise em que é engolfado naquela quadra. Com efeito, em 1974-1975 explode a 'primeira recessão generalizada da economia capitalista internacional desde a Segunda Guerra Mundial' (Mandel, 1990: 9). Essa

humanidade deparou, nitidamente visualizadas na década de 1990, são consequências das respostas a essa crise. Tais consequências constituíram a ambiência sociocultural que alguns estudiosos denominaram pós-modernidade – a lógica cultural do capitalismo tardio[22] (Jameson 1996).

Como sabemos, é uma tendência do capitalismo a transformação contínua das suas condições de produção e reprodução social, mas nunca ele havia se transformado de maneira tão rápida (e profunda) como nesse contexto histórico.[23]

Tais transformações são desdobramentos de uma profunda crise mundial que, em razão das mudanças no padrão de acumulação, alterou o tecido social. Seu preciso entendimento requer percebê-la e estudá-la como "totalidade", mas seus impactos mais significativos se deram nos âmbitos econômico, social, político e cultural (cf. Hobsbawm 1995).

Na esfera econômica, esgotou-se o padrão "taylorista-keynesiano" de acumulação, surgindo, gradativamente, um novo padrão fundado na chamada acumulação flexível. Tal padrão trouxe consigo, além dos novos

---

recessão monumental e o que se lhe seguiu puseram de manifesto um giro profundo na dinâmica comandada pelo capital: chegava ao fim o padrão de crescimento que, desde o segundo pós-guerra e por quase 30 anos (as 'três décadas gloriosas' do capitalismo monopolista), sustentara, com as suas 'ondas longas expansivas', o 'pacto de classes' expresso no *Walfare State* (Przeworski, 1991). Emergia um novo padrão de crescimento que, operando por meio de 'ondas longas recessivas' (Mandel, 1976), não só erodia as bases de toda a articulação sociopolítica até então vigente como, ainda, tornava exponenciais as contradições imanentes à lógica do capital, especialmente aquelas postas pela tendência à queda da taxa média de lucro e pela superacumulação (Mandel, 1969, 1, V e 3, XIV). É para responder a esse quadro que o capital monopolista se empenha, estrategicamente, numa complicada série de reajustes e reconversões que, deflagrando novas tensões e colisões, constrói a contextualidade em que surgem (e/ou se desenvolvem) autênticas transformações societária" (Netto 1996, p. 90).

22. Designação utilizada por Mandel ao estudar a fase do capitalismo inaugurada em 1974-1975. Hobsbawm, por outro lado, analisando as consequências desse período, refere-se a ele como "décadas de crise" (1995).

23. Cf. Harvey (1993), especialmente a parte II, intitulada "A transformação político-econômica do capitalismo do final do século XX".

modos de organização da produção (com destaque para o "toyotismo"), a revolução informacional (passagem da indústria eletromecânica para a eletrônica), a globalização das relações econômicas e o fortalecimento do capital financeiro (principalmente, bancário).

Das transformações econômicas aludidas, a que merece maior atenção é aquela relacionada às novas formas de produção, pois a revolução tecnológica implicou um crescimento extraordinário de força de trabalho excedentária (desemprego). Com isso, o "mercado de trabalho" passou por uma reestruturação radical: surgiram novos tipos de contratação precarizadas (sem registro em carteira nem garantias de seguridade social); novas estratificações entre os que estão "empregados" (de cor, etnia, sexo, idade) que aprofundaram a exploração; ampliou-se a exigência de qualificação – tanto de polivalência (o domínio de mais de uma técnica para a operação de mais de uma máquina) quanto de capacidade decisória (a exigência de trabalhadores superqualificados que tomem decisões, a fim de resolver problemas produtivos cotidianos). Tais mudanças trazem consigo uma série de implicações nas relações de trabalho, acentuando, claramente, o nível de exploração.

O crescente desemprego e as exigências das novas tecnologias incidiram decisivamente sobre a classe operária, especialmente no que tange à sua retração. Em outras palavras, o proletariado urbano vem diminuindo, ao mesmo tempo em que cresce a "classe-que-vive-do-trabalho".[24]

Esses acontecimentos conduziram alguns analistas[25] a, rapidamente, colocar em dúvida o protagonismo revolucionário da classe operária. O raciocínio é simplista: com as transformações produtivas assistidas – que requisitam um número cada vez menor de trabalhadores – argumentam que caminhamos para o "fim da sociedade do trabalho". Essa sentença de morte veio acompanhada, como era de esperar, da argumentação da impossibilidade

---

24. Termo cunhado por Antunes (1995), para designar todos aqueles que, hoje em dia, vivem do trabalho – incluso aí o "proletariado urbano", mas também outras categorias que não constituíam a massa de assalariados (médicos e advogados, por exemplo).
25. André Gorz (à esquerda) e Francis Fukuyama (à direita), entre outros.

da revolução, já que o proletariado urbano – identificado por Marx como o sujeito histórico revolucionário – estaria "sumindo".[26]

Embora as transformações que incidiram sobre a classe operária sejam as mais significativas, outras importantes metamorfoses na estrutura das classes sociais merecem ser destacadas,[27] tais como: a morte do campesinato;[28] o crescimento da importância do papel das mulheres – tanto na economia[29] como na política;[30] a atuação dos jovens no cenário político;[31] e o extraordinário aumento do contingente de desprotegidos sociais.[32]

Do ponto de vista político, o argumento da impossibilidade revolucionária – com a defesa do fim do sujeito histórico revolucionário – foi reforçado com a crise dos ordenamentos sociais alternativos ao capitalismo:

---

26. Hobsbawm (1995, p. 297ss.) argumenta que as estatísticas não sustentam que haja uma hemorragia demográfica da classe operária e defende que a decantada crise do movimento operário é muito menos uma crise da classe e muito mais de sua consciência.

27. Hobsbawm (1995) dedica um capítulo inteiro para caracterizar o que ele chama de uma verdadeira "revolução social".

28. De acordo com Hobsbawm, no início da década de 1980, menos de 3% da população belga ou britânica desenvolvia sua atividade produtiva ligada à agricultura. A população agrícola norte-americana também caíra para idêntica proporção. Tal fenômeno é observável no mundo todo, salvo pequenas exceções.

29. "Em 1940, as mulheres casadas que viviam com os maridos e trabalhavam por salário somavam menos de 14% do total da população feminina dos EUA. Em 1980, eram mais da metade: a porcentagem quase duplicou entre 1950 e 1970" (Hobsbawn 1995, p. 304).

30. O chamado movimento feminista põe em questão uma série de problemas enfrentados pela mulher e passa a ganhar visibilidade.

31. Fruto do crescimento da difusão da educação formal, mais especificamente da educação formal em nível universitário, o mundo assistiu, a partir dos anos 1960, a uma forte participação dos jovens nos acontecimentos sociais. Sua relevância na política e na cultura do seu tempo é inquestionável.

32. Caem conquistas trabalhistas que custaram anos de luta do movimento operário, ao mesmo tempo em que decrescem as proteções aos chamados "excluídos". Fruto das políticas neoliberais, cada vez mais as redes de proteção social vão sendo desregulamentadas e a assistência social passa a ser responsabilidade da comunidade ou de órgãos não governamentais.

o socialismo e a social-democracia (alternativa de um capitalismo com uma "ênfase mais social" que só se tornou possível pela ameaça do avanço do socialismo). Ambos os ordenamentos sociais só se tornaram possíveis pelo importante papel desempenhado pelo movimento operário (embora não exclusivamente). A defesa do socialismo foi a pauta fundamental, desde 1848, do movimento operário europeu. A Revolução Russa, em 1917, instalou a primeira experiência socialista no mundo e de lá se iniciou um importante processo de expansão. Uma estratégia para conter esse crescimento foi o atendimento, em alguns países, de inúmeros pontos de pauta das lutas operárias que acabaram por constituir as experiências social-democratas.

No final dos anos 1980 e início dos anos 1990, o chamado "socialismo real" entrou em colapso não só em virtude das circunstâncias globais da crise de acumulação capitalista,[33] mas também em razão de suas especificidades históricas,[34] e, indiscutivelmente, interferiu no colapso da "social-democracia". Ora, sem a ameaça de que o socialismo pudesse se espalhar, o corte de direitos sociais e trabalhistas[35] pôde ser facilmente aplicado àquelas sociedades que haviam experimentado o chamado "Estado de bem-estar social".

Todas essas transformações – econômicas,[36] sociais e políticas – repercutiram profundamente (ao mesmo tempo em que foram influenciadas) na cultura. Numa síntese eloquente, Netto (1996, p. 97) argumenta que a

---

33. Kurz (1992) argumenta que a crise do socialismo era na verdade uma expressão da crise capitalista que atingiu o chamado "Primeiro Mundo" (países do capitalismo central) e havia se alastrado para o "Segundo Mundo" (países socialistas).
34. Netto (1993), analisando a crise do "socialismo real", sustenta que uma de suas razões se deveu à crescente socialização da economia sem o acompanhamento da socialização da política (e do poder).
35. Os chamados ajustes neoliberais transferem, cada vez mais, a responsabilidade do atendimento dos direitos sociais para a sociedade, isentando, assim, o Estado de qualquer responsabilidade (veja, por exemplo, no Brasil, o caso do projeto Comunidade Solidária).
36. Do ponto de vista formal – e a linguagem obedece sempre à lógica formal –, articulamos o texto para propositalmente as mudanças culturais ficarem ao final – até porque vimos analisando a produção acadêmica da educação física –, mas as relações estabelecidas entre o que chamamos âmbitos econômico, social, político e cultural constituem uma totalidade articulada, mutuamente determinada, em constante "vir a ser" (em processo).

dinâmica cultural de nossa época está fundada em dois vetores: "(...) a translação da lógica do capital para todos os processos do espaço cultural (produção, divulgação e consumo) e desenvolvimento de formas culturais socializáveis pelos meios eletrônicos (a televisão, o vídeo, a chamada multimídia)". Com isso, hipertrofiou-se uma espetacular indústria de entretenimento que dita os padrões de expressão cultural, principalmente após a difusão dos meios de comunicação de massa (cujo exemplo mais evidente é a televisão): hábitos, modas e comportamentos são ditados por esses meios massivos de comunicação.

Ao mesmo tempo, fortaleceu-se um movimento (pós-modernista) que atacou as bases da filosofia moderna. Tal movimento – que é extremamente heterogêneo[37] – foi altamente funcional à lógica capitalista contemporânea e "criou" uma ambiência sociocultural completamente avessa ao pensamento de Marx.

Sua funcionalidade deve-se a alguns supostos que unificam a tematização desse movimento, tais como: a "desreferencialização do real" (a realidade deixa de ser a referência para a verdade, e tampouco pode ser entendida como uma totalidade articulada); a "exorbitação da linguagem", cuja principal expressão é a conversão da ciência em "jogo de linguagem" (já que o real não é mais a referência, tudo se converte em discurso e "vence" aquele que for mais *performático*); e a "desubstancialização do sujeito" revolucionário – o movimento operário (cf. Evangelista 1992).

Questões caras ao projeto da modernidade de viés revolucionário são criticadas e as implicações dessa crítica conduzem a consequências extremamente complicadas àqueles que se alinham a um projeto de

---

37. "O que se poderia chamar de *movimento pós-moderno* é muito heterogêneo (cf., por exemplo, Connor, 1993) e, especialmente no campo de suas inclinações políticas, pode-se até distinguir entre uma teorização pós-moderna de capitulação e uma de oposição (...). Do ponto de vista de seus fundamentos epistemológicos e teóricos, porém, o movimento é funcional à lógica cultural do estágio contemporâneo do capitalismo (Jameson, 1984): é-o tanto ao sancionar acriticamente as expressões culturais da ordem tardo-burguesa quanto ao romper com os vetores críticos da Modernidade (cuja racionalidade os pós-modernos reduzem, abstrata e arbitrariamente, à dimensão instrumental, abrindo a via aos mais diversos irracionalismos)" (Netto 1996, p. 98).

emancipação humana (que exige a superação da ordem burguesa). A primeira delas diz respeito à "entificação da razão". A razão humana toma o lugar do capitalismo na compreensão dos limites da sociabilidade do homem contemporâneo. Em outras palavras, para os pós-modernos, o problema não está no capitalismo, mas na racionalidade moderna. Dessa forma, seria possível a emancipação humana abandonando a maneira moderna de pensar, sem superar o capitalismo![38] Articulada com a primeira, destaca-se uma segunda: já que o mundo – a realidade – não poderá ser racionalmente apreendido – como totalidade – também não poderá ser radicalmente (em suas raízes) transformado.

Sumariadas as circunstâncias a que estamos submetidos, desde a década de 1990, vejamos a repercussão que elas tiveram no projeto de "intenção de ruptura" da educação física com a sua histórica funcionalidade ao capital, tomando como referência as temáticas pautadas por Medina neste livro. Em outras palavras, analisemos os impactos das circunstâncias contemporâneas sobre o projeto de uma educação física revolucionária, especialmente aquela inspirada pela teoria social de Marx.

Como se trata de uma análise sobre a produção teórica – especificamente, sobre as temáticas pautadas por uma obra – as repercussões do chamado movimento pós-moderno são aquelas que mais nos interessam.

A educação física e o retorno às "mentiras": Uma interpretação marxista

O contexto descrito anteriormente marcou de modo decisivo a produção teórica das chamadas ciências humanas e sociais e,

---

38. "(...) a modernidade aparece desvinculada da emergência e da afirmação do sistema capitalista e, logo, as mazelas do capitalismo são obliteradas e suas manifestações ideológico-culturais são atribuídas vagamente à modernidade. Os problemas e as contradições da moderna sociedade burguesa são atribuídos à modernidade e tratados como se não tivessem nenhuma relação com a sua lógica capitalista. Assim, pode-se perfeitamente propor a 'superação' da modernidade sem quaisquer rupturas com a ordem social burguesa e abre-se o caminho para a veiculação de um pensamento 'transgressor' que não questiona seriamente a vigência *globalizada* da lógica do capital, mas, ao contrário, parece-lhe altamente funcional" (Evangelista 2001, p. 30).

consequentemente, a da educação física. No caso desta última, as circunstâncias dos anos 1980 haviam sido favoráveis ao processo de interlocução com a produção teórica de perspectiva crítica – leia-se com a "teoria social de Marx" – e os anos 1990 fizeram que essa interlocução fosse interrompida e/ou enviesada pela chamada "crise dos paradigmas". Dessa forma, o "projeto de intenção de ruptura" da educação física foi precocemente suspenso. A defesa de uma educação física comprometida e revolucionária deixou de encontrar sustentação, pois o próprio projeto revolucionário foi posto em dúvida, uma vez que se assentava na certeza de que a realidade poderia ser compreendida em sua totalidade e radicalmente transformada numa intervenção coletiva e consciente.

Tomando, uma vez mais, este clássico, *A educação física cuida do corpo... e "mente"*, de João Paulo Subirá Medina, como a expressão iniciadora desse "projeto de intenção de ruptura" da educação física com a sua histórica funcionalidade ao sistema, vejamos como as temáticas por ele instigadas são afetadas pela crítica cultural contemporânea.

1. Medina faz um "diagnóstico do estado de miséria das consciências" e da necessidade de superá-lo. Sua análise fundamenta-se no suposto de que o "estado de miséria das consciências" se deve, fundamentalmente, à alienação. Esse, apesar de importantíssimo, é um conceito da tradição marxista que anda em descrédito no debate acadêmico protagonizado pela crítica pós-moderna. De acordo com Carlos Nelson Coutinho (2000, p. 50):

> Há um importante conceito de Marx, hoje injustamente em desfavor (como, aliás, anda injustamente em desfavor o próprio marxismo), que é o conceito de alienação. Segundo Marx, os indivíduos constroem coletivamente todos os bens sociais, toda riqueza material e cultural e todas as instituições sociais e políticas, mas não são capazes – dada a divisão da sociedade em classes antagônicas – de se reapropriarem efetivamente desses bens por eles mesmos criados.

Essa incapacidade "de se reapropriarem dos bens por eles mesmos produzidos" deve-se, fundamentalmente, a duas razões:

1ª) a própria produção humana, na ordem burguesa, se faz tendo a alienação como fundamento – nas relações sociais de produção estabelecidas, os homens aparecem como portadores de mercadorias (capitalistas: portadores do capital; trabalhadores: portadores de trabalho) e o capital estabelece a regência sobre a produção material da vida social. Assim, o trabalhador, apesar de ser o produtor das mercadorias, separa-se do produto final de seu trabalho, bem como da regência do processo de produção e, na maioria das vezes, ainda se separa do projeto de seu trabalho, cumprindo tão somente uma de suas etapas.

> (...) o trabalho é *externo* ao trabalhador, isto é, não pertence ao seu ser, (...) mortifica sua *physis* e arruína o seu espírito. O trabalhador só se sente, por conseguinte e em primeiro lugar, junto a si [quando] fora do trabalho e fora de si [quando] no trabalho. Está em casa quando não trabalha e, quando trabalha, não está em casa. O seu trabalho não é, portanto, voluntário, mas forçado, *trabalho obrigatório*. O trabalho não é, por isso, a satisfação de uma carência, mas somente um meio para satisfazer necessidades fora dele. Sua estranheza evidencia-se aqui [de forma] tão pura que, inexista coerção física ou outra qualquer, foge-se do trabalho como de uma peste. O trabalho externo, o trabalho no qual o homem se exterioriza, é um trabalho de auto-sacrifício, de mortificação. Finalmente, a externalidade do trabalho aparece para o trabalhador como se [o trabalho] não fosse seu próprio, mas de um outro, como se [o trabalho] não lhe pertencesse, como se ele no trabalho não pertencesse a si mesmo, mas a um outro. (Marx 2004, pp. 82-83)

2ª) essa separação (alienação) não é percebida pelo trabalhador, ou seja, há uma compreensão distorcida, falsificada ou invertida da realidade, a qual se deve, entre outros fatores, à tomada da aparência como se fosse a essência do fenômeno.

> (...) A consciência jamais pode ser outra coisa do que o ser consciente, e o ser dos homens é o seu processo de vida real. E se, em toda a ideologia, os homens e suas relações aparecem invertidos como numa câmara escura, tal fenômeno decorre de seu processo histórico de vida, do mesmo modo porque a inversão

dos objetos na retina decorre de seu processo de vida diretamente físico. (Marx e Engels 1999, p. 37)

O capitalismo, diferentemente das formações históricas que o antecederam, conduz a uma dominação de classe fundada na hegemonia, no consenso garantido pelo domínio das consciências. É fundamental, para a superação da alienação, o acesso à essência do fenômeno. Tal raciocínio sustenta-se na convicção de que há uma distinção entre a aparência e a essência do fenômeno. É conhecida a formulação de Marx a qual afirma que "toda a ciência seria supérflua se a aparência e a essência do fenômeno correspondessem imediatamente". Uma das correntes filosóficas que fundamentam os preceitos pós-modernos – a fenomenologia – põe em dúvida a distinção entre aparência e essência do fenômeno. Ora, se a aparência do fenômeno corresponde imediatamente à essência, como sustentar a existência da alienação? Nessa lógica, não haveria um estado de miséria de consciências.

2. Essa compreensão que coloca em dúvida a existência da alienação afeta diretamente a essência do ato educativo – uma segunda temática posta por Medina e que alimentou o "projeto de intenção de ruptura" –, pois, nessas condições, o que seria fazer que o educando ascendesse do "senso comum à consciência filosófica" (tarefa da educação, segundo Saviani, e "incorporada" por Medina, em sua obra)?

3. Afeta, também, a necessidade, pontuada por Medina, de superação de uma visão fragmentada da realidade humana, pois esta demandaria uma compreensão de totalidade que, segundo os pós-modernos, está cancelada: a totalidade é irracional – escapa da razão.

Estas duas temáticas – da essência do ato educativo e da superação da fragmentação do ser – trazidas pela obra de Medina encontram sustentação em preceitos modernos, cuja base fundamental é Marx. Para o pensador alemão, a realidade é uma totalidade relacional (em que tudo está relacionado) e processual (em constante transformação) que pode ser racionalmente apreendida e intencionalmente modificada pelo homem. Ou seja, o conhecimento sobre a nossa condição existencial é fundamental para uma intervenção sobre a realidade.

Assim, para Saviani, a tarefa fundamental da educação consistiria em fazer que os educandos, por uma ação sistemática da escola (mas não só dela), pudessem sair de seu estado de alienação (miséria de consciência) num processo de tomada de consciência sobre os seus determinantes existenciais (por exemplo, as razões da desigualdade, da fome, do analfabetismo, do preconceito, do individualismo, do consumismo, entre outras determinações).[39]

O fato de ser uma totalidade relacional e processual não conduz à compreensão de que seja caótica. Há uma lógica constituinte: trata-se de um todo articulado e o momento articulador desse todo é o da "produção material da vida social" (Marx e Engels 1999). Na ordem burguesa, o entendimento de qualquer fenômeno passa pelo conhecimento das determinações econômicas, porém a "vida social" é muito mais que o econômico!

Na sua crítica às interpretações fragmentárias, Medina demonstra como elas são falsificadoras, alienantes e defende a necessidade de uma compreensão totalizante dos fenômenos – entre eles, o ser humano (o "corpo").

Essa aspiração de Medina – tão necessária para alimentar um projeto revolucionário e humanista –, apesar de verdadeira, hoje em dia tem sido considerada impossível e até mesmo totalitária.

---

39. Cabe ressaltar que compreender a realidade como totalidade não é saber tudo sobre todas as coisas, mas é reconhecer que os fenômenos que constituem a realidade formam uma totalidade em que tudo está relacionado. Nesse sentido, uma explicação é mais verdadeira quanto mais estiver saturada de determinações de totalidade. Por exemplo, o conhecimento sobre futebol é tão mais verdadeiro quanto mais soubermos para além da técnica e da tática. Sobre ele, atuam determinações de ordem econômica, cultural, social, política, entre outras. Nenhum ser humano, individualmente, poderá esgotar o que é esse fenômeno (o futebol) por duas razões: em primeiro lugar, porque a realidade é sempre mais complexa que as teorias que a explicam e o tempo de vida de qualquer ser humano seria insuficiente para apreender as determinações atuantes nesse fenômeno; e, em segundo lugar, porque o tempo não para e a realidade é processual – é um constante vir a ser – em virtude da própria interferência dos homens sobre ela (assim, podemos afirmar que, certamente, o futebol contemporâneo guarda similitudes com aquele que era praticado em seus primórdios, mas, ao mesmo tempo, dele se diferencia em inúmeros aspectos).

4. Se a totalidade é irracional, se não há distinção entre aparência e essência, se há dúvidas sobre a efetividade da alienação, o debate sobre teoria e prática fica ainda mais empobrecido do que já aponta o autor, com poucas perspectivas de superação, pois o imediato (aparente) subsumiu a mediação (tão necessária para a aproximação à essência). Assim, temos o reino do praticismo superficial. Cada vez mais se hipertrofia o pragmatismo: o útil é tomado como o verdadeiro. Tem valor aquilo que é instrumental para a vida na ordem burguesa. A formação humana reduz-se à preparação para o "mercado de trabalho" num processo que, crescentemente, "unilateraliza" o ser humano. Cada vez mais, em sua formação, o homem é conduzido a ser tão somente aquilo que desempenha na divisão social do trabalho. Assim, o homem é, exclusivamente, médico, ou advogado, ou lixeiro, ou músico, ou professor, enfim, aquilo que desempenha nas relações sociais de produção.

> Com efeito, desde o instante em que o trabalho começa a ser distribuído, cada um dispõe de uma esfera de atividade exclusiva e determinada, que lhe é imposta e da qual não pode sair; o homem é caçador, pescador, pastor ou crítico, e aí deve permanecer se não quiser perder seus meios de vida – ao passo que na sociedade comunista, onde cada um não tem uma esfera de atividade exclusiva, mas pode aperfeiçoar-se no ramo que lhe apraz, a sociedade regula a produção geral, dando-me assim a possibilidade de hoje fazer tal coisa, amanhã outra, caçar pela manhã, pescar à tarde, criar animais ao anoitecer, criticar após o jantar, segundo meu desejo, sem jamais tornar-me caçador, pescador, pastor ou crítico. (Marx e Engels 1999, p. 47)

Essa aspiração humanista de uma formação *omnilateral* é, segundo os pós-modernos, irrealizável, pois a possibilidade de superação das determinações burguesas, num processo revolucionário, se mostrou fracassada. Chegamos, então, a uma quinta temática trazida por Medina: a necessidade de constituição de uma educação física revolucionária.

5. Já que a superação da ordem burguesa (a revolução) está impossibilitada, o que dizer da constituição de uma educação física revolucionária, evocada por Medina neste livro? Tal pretensão é, para os

A educação física cuida do corpo... e "mente" 155

pós-modernos, demasiadamente "jurássica" (própria daqueles "dinossauros" que não perceberam que tal aspiração é irrealizável), pois não há mais história! Estaríamos, de acordo com os teóricos do pós-modernismo, condenados à "metafísica do presente"!

Numa operação de mistificação ideológica, os pós-modernos, ao mesmo tempo em que defendem o caráter dinâmico, complexo e irracional (como totalidade) do real, tentam convencer-nos de que a essência burguesa de ser (fundada na desigualdade, no individualismo, na visão instrumental de ser humano – um homem é objeto para outro homem –, no consumismo, no belicismo, na falaciosa igualdade jurídica etc.) é a essência humana universal.

Uma das maiores contribuições de Marx ao pensamento humano foi a demonstração de que o modo de ser burguês é histórico, ou seja, construído pelos próprios homens e, portanto, passível de ser modificado pela ação humana. Os homens fazem a sua própria história, mas nos limites de suas circunstâncias. Na abertura de *O 18 brumário*, Marx elabora uma belíssima síntese sobre isso: "Os homens fazem sua própria história, mas não a fazem como querem; não a fazem sob circunstâncias de sua escolha e sim sob aquelas com que se defrontam diretamente, legadas e transmitidas pelo passado. A tradição de todas as gerações mortas oprime como um pesadelo o cérebro dos vivos" (1997, p. 21).

É nesse espírito que *A educação física cuida do corpo... e "mente"* convoca para a construção de uma educação física comprometida e revolucionária, que ainda está por fazer. Está nesta obra consignada uma compreensão de homem como protagonista de sua história.

As circunstâncias dos anos 1990 foram desfavoráveis ao fortalecimento da "educação física revolucionária". Embora o termo seja forte (talvez, inadequado), de lá para cá, a educação física voltou a "mentir".[40] O contexto que deu origem à crítica pós-moderna conduziu a educação física a ser "mentirosa" e, com isso, mais uma vez, tornar-se funcional ao capital.[41]

---

40. Talvez, em alguns casos, não por má-fé, mas por ignorância de seus condicionantes.

41. Na verdade, podemos questionar, inclusive, se em algum momento deixou de ser, em sua totalidade, funcional ao capital. No plano do debate teórico, indiscutivelmente,

Atualmente, no debate acadêmico, assistimos a uma reversão daquele projeto de "intenção de ruptura". Ao que parece, a educação física, da década de 1990 para cá, tendencialmente, tem-se atualizado para se (re)funcionalizar ao processo da hegemonia burguesa, cumprindo um papel – consciente ou inconscientemente – conservador.

Para a reversão desse quadro, faz-se necessário que "a realidade tenda para a teoria", e para isso é fundamental a emergência de um movimento de massas que seja uma ameaça concreta à ordem do capital. Enquanto tal movimento não se torna visível, no debate acadêmico, cabe-nos a "batalha das ideias", que, tendo em vista as circunstâncias concretas em que vem sendo travada, exige a retomada da interlocução com Marx. Apesar de insuficiente, Marx é absolutamente necessário para a compreensão das complexas determinações da sociedade contemporânea, e tal compreensão, por sua vez – na melhor inspiração moderna –, é vital para alimentar uma intervenção revolucionária. Como se vê, as temáticas postas por Medina continuam absolutamente atuais!

Referências bibliográficas

ANTUNES, R. (1995). *Adeus ao trabalho? Ensaio sobre as metamorfoses e a centralidade do mundo do trabalho*. São Paulo: Cortez.

_____ (1996). "Dimensões da crise e as metamorfoses no mundo do trabalho". *Serviço Social & Sociedade*, ano XVII, n. 50. São Paulo: Cortez, abr., pp. 78-86.

_____ (2001). *Os sentidos do trabalho: Ensaio sobre a afirmação e a negação do trabalho*. 5ª ed. São Paulo: Boitempo.

BRACHT, V. (1997). *Educação física e aprendizagem social*. 2ª ed. Porto Alegre: Magister.

_____ (1999). *Educação física & ciência: Cenas de um casamento (in)feliz*. Ijuí: Unijuí.

CAPARROZ, F.E. (1997). *Entre a educação da escola e a educação física na escola: A educação física como componente curricular*. Vitória: Centro de Educação Física e Desportos-Ufes.

---

podemos dizer que, na década de 1980, pretendeu alinhar-se com um projeto emancipatório que supunha a superação da ordem burguesa. Porém, o hiato entre a produção resultante desse debate e o "mundo do trabalho" sempre foi razoavelmente grande.

CASTELLANI FILHO, L. (1988). *Educação física no Brasil: A história que não se conta.* Campinas: Autores Associados.

COLETIVO DE AUTORES (1992). *Metodologia do ensino de educação física.* São Paulo: Cortez.

COUTINHO, C.N. (1972). *O estruturalismo e a miséria da razão.* Rio de Janeiro: Paz e Terra.

_____ (2000). *Contra a corrente: Ensaios sobre democracia e socialismo.* São Paulo: Cortez.

CUNHA, M.S.V. (1989). *Educação física ou ciência da motricidade humana?.* Campinas: Papirus.

DAOLIO, J. (1998). *Educação física brasileira: Autores e atores da década de 1980.* Campinas: Papirus.

DREIFUSS, R.A. (1981). *1964 – A conquista do Estado: Ação política, poder e golpe de classe.* Petrópolis: Vozes.

EAGLETON, T. (1998). *As ilusões do pós-modernismo.* Trad. Elisabeth Barbosa. Rio de Janeiro: Jorge Zahar.

_____ (1999). "De onde vêm os pós-modernistas?". *In:* WOOD, E.M. e FOSTER, J.B., *Em defesa da história: Marxismo e pós-modernismo.* Rio de Janeiro: Jorge Zahar, pp. 23-32

EVANGELISTA, J.E. (1992). *Crise do marxismo e irracionalismo pós-moderno.* São Paulo: Cortez.

(2001). "Elementos para uma crítica da cultura pós-moderna". *Novos Rumos,* ano XVI, n. 34. São Paulo: Instituto Astrogildo Pereira, abr./maio/jun., pp. 29-40.

HARVEY, D. (1993). *A condição pós-moderna: Uma pesquisa sobre as origens da mudança cultural.* 2ª ed. São Paulo: Loyola.

HOBSBAWM, E. (1995). *Era dos extremos: O breve século XX: 1914-1991.* São Paulo: Companhia das Letras.

JAMESON, F. (1996). *Pós-modernismo: A lógica cultural do capitalismo tardio.* Trad. Maria Elisa Cevasco. São Paulo: Ática pp. 5-90, 171-284, 302-413. (Coleção Temas, 41)

KURZ, R. (1992). *O colapso da modernização: Da derrocada do socialismo de caserna à crise da economia mundial.* São Paulo: Paz e Terra.

LUKÁCS, G. (1997). "As bases ontológicas do pensamento e da atividade humana". *Ontologia social, formação profissional e política.* Revista do Núcleo de Estudos e Aprofundamento Marxista (Neam). São Paulo: Programa de Estudos Pós-Graduados em Serviço Social-PUC, maio, pp. 8-44.

_____ (2007). *O jovem Marx e outros escritos de filosofia.* Rio de Janeiro: Ed. da UFRJ.

LYOTARD, J. F. (1993). *O pós-moderno*. Trad. Ricardo Corrêa Barbosa. 4ª ed. Rio de Janeiro: José Olympio.

MARX, K. (1997). *O 18 brumário e Cartas a Kugelmann*. 6ª ed. Rio de Janeiro: Paz e Terra.

_____ (2005). *Crítica da filosofia do direito de Hegel*. São Paulo: Boitempo.

_____ (2004). *Manuscritos econômico-filosóficos*. São Paulo: Boitempo.

MARX, K. e ENGELS, F. (1998). *Manifesto do Partido Comunista*. Prólogo de José Paulo Netto. São Paulo: Cortez.

_____ (1999). *A ideologia alemã (Feurbach)*. 11ª ed. São Paulo: Hucitec.

MEDINA, J.P.S. (1983). *A educação física cuida do corpo... e "mente"*. Campinas: Papirus.

NETTO, J.P. (1993). *Crise do socialismo e ofensiva neoliberal*. São Paulo: Cortez.

_____ (1996). "Transformações societárias e serviço social: Notas para uma análise prospectiva da profissão no Brasil". *Serviço Social & Sociedade*, ano XVII, n. 50. São Paulo: Cortez, abr., pp. 87-132.

_____ (1998). "Prólogo: Elementos para uma leitura crítica do Manifesto Comunista". *In*: MARX, K. e ENGELS. F. *Manifesto do Partido Comunista*. São Paulo: Cortez.

OLIVEIRA, V.M. de (1983). *O que é educação física*. São Paulo: Brasiliense.

_____ (1994). *Consenso e conflito da educação física*. Campinas: Papirus.

SANTOS, B. de S. (1989). *Introdução a uma ciência pós-moderna*. Rio de Janeiro: Graal.

_____ (1994). *Pela mão de Alice: O social e o político na pós-modernidade*. Porto: Afrontamento.

SANTOS, J.F. dos (1993). *O que é pós-moderno*. 11ª ed. São Paulo: Brasiliense.

SAVIANI, D. (1989). *Escola e democracia*. 21ª ed. São Paulo: Cortez, Autores Associados. (Coleção Polêmicas do Nosso Tempo, 5)

SOARES, C. L. (1994). *Educação física: Raízes européias e Brasil*. Campinas: Autores Associados.

VAZQUEZ, A. S. (1990). *Filosofia da práxis*. 4ª ed. Rio de Janeiro: Paz e Terra.

WOOD, E. M. (1999). "O que é agenda 'pós-moderna'"?. *In*: WOOD, E.M. e FOSTER, J.B. *Em defesa da história: Marxismo e pós-modernismo*. Rio de Janeiro: Jorge Zahar, pp. 7-22.

Especificações técnicas

Fonte: Times New Roman 10,5 p
Entrelinha: 13,5 p
Papel (miolo): Offset 75 g
Papel (capa): Supremo 250 g